Agentes Infiltrados

# Agentes Infiltrados

## O MAGISTRADO COMO GARANTIDOR E FERRAMENTA DE APRIMORAMENTO DESTE MEIO ESPECIAL DE INVESTIGAÇÃO

**2021 • 3ª Edição**

Rafael Wolff

ALMEDINA

**AGENTES INFILTRADOS**
O MAGISTRADO COMO GARANTIDOR E FERRAMENTA DE APRIMORAMENTO
DESTE MEIO ESPECIAL DE INVESTIGAÇÃO
3ª EDIÇÃO

AUTOR: Rafael Wolff

DIRETOR ALMEDINA BRASIL: Rodrigo Mentz
EDITORA JURÍDICA: Manuella Santos de Castro
EDITOR DE DESENVOLVIMENTO: Aurélio Cesar Nogueira
ASSISTENTES EDITORIAIS: Isabela Leite e Larissa Nogueira

DIAGRAMAÇÃO: Almedina
DESIGN DE CAPA: FBA

ISBN: 9786556272924
Setembro, 2021

Dados Internacionais de Catalogação na Publicação (CIP)
(Câmara Brasileira do Livro, SP, Brasil)

---

Wolff, Rafael
Agentes infiltrados : o magistrado como garantidor e ferramenta de aprimoramento deste meio especial de investigação / Rafael Wolff. -- 3. ed. -- São Paulo : Almedina, 2021.

Bibliografia.
ISBN 978-65-5627-292-4

1. Agentes infiltrados 2. Crime organizado - Investigação 3. Garantias constitucionais 4. Juízes 5. Legitimidade (Direito) 6. Processo penal 7. Responsabilidade (Direito) I. Título.

21-69961 CDU-343.132

---

Índices para catálogo sistemático:

1. Infiltração de agentes como meio especial de investigação : Direito processual penal 343.132

Cibele Maria Dias - Bibliotecária - CRB-8/9427

Este livro segue as regras do novo Acordo Ortográfico da Língua Portuguesa (1990).



EDITORA: Almedina Brasil
Rua José Maria Lisboa, 860, Conj.131 e 132, CEP: 01423-001 São Paulo | Brasil
editora@almedina.com.br
www.almedina.com.br

*Dedicatória*

*À minha esposa Manice,*
*pela paciência e pelo incentivo.*

*À minha filha Gabriela,*
*por tudo que significa para nós.*

*Agradecimentos*

*À minha família, em especial, meus pais, irmã,*
*cunhados, sogros e sobrinhas, pela inspiração.*

*Ao Prof. Dr. Gilvan Luiz Hansen, pela segura orientação*
*e auxílio no ingresso no mundo da Filosofia.*

*Ao Prof. Dr. Nilo Batista, pela crítica construtiva e elegância.*
*Aos Professores do PPGJA/UFF, pela dedicação e vontade de dividir.*
*Aos colegas de mestrado, pela convivência.*

## PREFÁCIO À 1ª EDIÇÃO

O tema que é objeto de análise nesta obra mostra-se como um dos mais polêmicos ao longo da discussão sobre a construção das instituições humanas em sociedade. Isso porque não é rara, desde os tempos mais remotos, a utilização de agentes infiltrados, em nome de governantes, para descobrir os segredos e fragilidades dos oponentes e rivais.

Não é por acaso que pensadores importantes como Immanuel Kant (1724-1804), na sua obra *À paz perpétua (Zum ewigen Frieden)*, no Art. 6º de seu projeto de uma Constituição Republicana em moldes cosmopolitas, apresenta cláusula que veda a contratação pelos governos de qualquer espião, envenenador ou incentivo a atos e práticas congêneres, posto que isso inviabilizaria a paz entre as nações pela quebra fundamental da confiança entre as pessoas.

A referida prática de infiltração de agentes, bastante controversa, faz-nos encarar elementos importantes para a constituição do próprio significado da espécie humana em sociedade, como a confiança e a credibilidade, por exemplo. Se nos tornamos uma espécie com existência longa neste planeta, isso aconteceu, em grande parte, porque construímos nossa caminhada ancorada na confiança, como bem sinaliza Anthony Giddens em sua obra *As conseqüências da modernidade*: confiança uns nos outros, confiança nos sistemas-peritos e nas suas faces observáveis socialmente. Romper com este cenário significa abrir uma verdadeira caixa de Pandora nas relações humanas.

Por este motivo, os intelectuais se afastam da discussão acerca de temas como a infiltração de agentes, tornando-se mais difícil encontrarmos tratamento sistemático destas questões na Academia. Todavia, tais práticas continuam a acontecer, seja como prática política clandestina, seja como medida judicial especial de investigação; ocorrem, porém, sob um véu de ignorância e opacidade, numa intransparência preocupante ao Estado Democrático de Direito.

Ainda que relevante ao Estado Democrático de Direito e presente nas ações estatais e institucionais, os poderes de estado constituídos, em especial o Poder Legislativo, não avocam a si a responsabilidade de normatizar de forma clara e precisa este instrumento especial de investigação. As legislações nacionais e internacionais são vagas, imprecisas – quando não omissas –, ao abordarem a infiltração de agentes e suas implicações. Muitas vezes, como é o caso brasileiro, deixam lacunas legais e jogam a responsabilidade aos magistrados para, na análise do caso concreto trazido à baila por um processo judicial ou instrumento jurídico específico, decidir pela autorização ou não deste expediente e estabelecer os parâmetros de sua abrangência.

A discussão levada a cabo pelo nosso ilustre autor, portanto, é revestida de ousadia, originalidade, risco e oportunidade:

*a)* Ousadia, porque enfrenta um tema de ampla complexidade, que se reveste, não raramente, de elementos emotivos e por vezes apaixonados no seu tratamento, ideologizando um debate que deveria ter dimensão científica e crítico-social.

*b)* Originalidade, porque propõe critérios republicanos (públicos, prévios, transparentes, discutidos amplamente pela sociedade) e, a partir destes, busca estabelecer limites mais seguros, em termos jurídicos, para se evitarem os desmandos, os desvios, as arbitrariedades e principalmente o sacrifício de seres humanos que, afetados direta ou indiretamente por esta medida, terão o maior ônus pessoal e social.

*c)* Risco, porque se expõe, diante da abordagem de tema tão intrincado e da escolha de autores de concepções distintas da sociedade, como Jürgen Habermas ou Raul Zafaroni, às interpretações de todos os seus potenciais interlocutores-leitores, e as consequentes concepções favoráveis ou contrariamente reducionistas. Essa situação não lhe é exclusiva, e dela grandes pensadores igualmente não escaparam: Kant, por exemplo, é interpretado como liberal por Bobbio, como individualista por Hegel, mas apresenta, em textos como *Resposta à pergunta que é o Esclarecimento?* e *À paz perpétua*, uma defesa de uma perspectiva republicana, cosmopolita e coletiva para o enfrentamento das questões ético-morais e político-jurídicas. E o próprio Habermas não escapa às polêmicas, pois é dito liberal por alguns de seus críticos e comentadores, rotulado como republicano por outros e, ele próprio, parece ver-se para além do liberalismo e do republicanismo, já que propõe a superação de ambos no seu texto "Três conceitos normativos de democracia", inserido na obra *A inclusão do outro*.

*d)* Oportunidade, porque permite a nós todos, leitores desta obra, participarmos de um processo reflexivo que envolve peça crucial para compor o mosaico do Estado Democrático de Direito, em tempos em que este mesmo Estado de Direito se vê posto sob xeque em vários pontos do planeta, tanto na sua efetiva consecução – naquelas nações que o adotam – quanto na sua implantação naquelas nações que buscam suplantar tiranias e regimes totalitários. Concordemos com a interpretação aqui proposta ou discordemos dela, tenhamos ou não outras convicções sobre o tema, o importante é que somos convidados ao diálogo, instados ao debate, ao salutar construir de argumentos e razões para as nossas interpretações, algo típico e necessário ao procedimento de consecução do próprio Estado Democrático de Direito.

E se a própria existência da obra sobre a qual nos debruçamos traz consigo tamanhos aspectos salutares à sociedade, o que podemos então falar do conteúdo desta?

Trata-se de obra que versa sobre atividade impingida pelo legislador ao juiz no preenchimento das lacunas presentes no ordenamento brasileiro, especialmente nas Leis 9.034/96 e 11.343/06, no tocante ao instituto da infiltração de agentes. O autor passa a discutir a infiltração de agentes como um meio especial de investigação, voltado especificamente para a ação judicialmente acompanhada que permite dimensionar e identificar os componentes de organizações criminosas, de sorte a possibilitar sua desarticulação, no intuito de evitar efeitos danosos acarretados na sociedade por crimes como tráfico de entorpecentes e de seres humanos, seja para trabalhos forçados, exploração sexual ou mesmo doação de órgãos.

A globalização, característica marcante no cenário do terceiro milênio, tornou-se possível em grande parte graças a fenômenos como a rede de transportes mundialmente articulada e ao desenvolvimento das tecnologias da informação, legados a nós pelo século XX. Isso tornou as fronteiras fluidas, os espaços e a temporalidade ínfimos; e as distâncias, pulverizadas. E as consequências disso foram diversas.

Os elementos supradescritos permitiram a aproximação dos povos e das culturas, a ampliação gigantesca das relações comerciais, o surgimento de instituições internacionais preocupadas com o desenvolvimento humano em níveis planetários. Todavia, tais elementos propiciaram também a organização de atividades cuja consecução põe em risco a própria espécie humana e sua construção em sociedade e, salvo exceção, têm motivação econômica (tráfico de órgãos, drogas e armas, por exemplo) ou política (sequestros e atentados, por exemplo).

O enfrentamento destas questões não é simples nem fácil de ser feito. Ele envolve a conjugação de esforços das sociedades e das nações, para que se promova uma mudança de postura frente às relações humanas, implicando, dentre outros aspectos, o desenvolvimento de uma cidadania ativa; o resgate da participação dos concernidos por normas e ações na discussão, deliberação, implementação e fiscalização destas; o empoderamento (*empowerment*) das instituições sociais (famílias, escolas, universidades, igrejas, ONGs, sindicatos, partidos, associações, agremiações, meios de comunicação social, empresas) e a consequente cobrança de responsabilidades destas em relação ao contexto no qual atuam; a viabilização e consecução de fiscalização social permanente no tocante aos poderes de Estado (Executivo, Legislativo e Judiciário), a fim de que estes cumpram o estabelecido pelo ordenamento jurídico e pelas expectativas políticas dos cidadãos que lhes dão legitimidade no exercício do poder.

Neste horizonte de desafios e adotadas estas medidas pelas diferentes sociedades humanas, as organizações criminosas e as iniciativas por elas intentadas tendem a ser sufocadas e inviabilizadas pela força da democracia e do exercício democrático de uma política deliberativa e de um poder comunicativo. Em consequência, a própria discussão quanto à infiltração de agentes tende a se tornar obsoleta ou sem sentido.

Esta parece ser a grande utopia a ser construída pela sociedade ao longo do século XXI: a efetivação de um Estado Democrático de Direito com bases cosmopolitas.

Entretanto, no cenário hoje encontrado, as organizações criminosas se articulam e estendem seus tentáculos para a própria estrutura dos poderes de estado e das instituições, corrompendo, financiando campanhas executivas e legislativas, comprando o silêncio de pessoas, matando, intimidando, utilizando as brechas e artifícios legais para fazer valer seus interesses privados e atentatórios à sociedade, em detrimento do interesse público, do bem-estar das comunidades humanas e se mostram contrárias aos princípios de um Estado Democrático de Direito.

Sem descuidar ou desconhecer a utopia a ser construída – como se pode vislumbrar pelo trato que este faz de autores como Habermas –, o autor desta obra, a partir da facticidade e da sua experiência como magistrado que atua em instância judicial penal e que se vê diante da necessidade de analisar autorizações de infiltração de agentes, procura trazer à tona as dificuldades e os problemas atinentes a essa situação peculiar prevista no ordenamento jurídico.

Sensível aos aspectos jurídico-legais inerentes ao tema, o autor não deixa de levar em conta também as circunstâncias afetivas, econômicas e sociais envolvidas na infiltração de agentes, apontando especialmente para a carência atual e para a necessidade premente de se ter uma política de estado mais clara e de garantia ao cidadão que, no cumprimento de sua função, se vê guindado à condição de agente infiltrado: remuneração, formação, equipamentos, garantias previdenciárias para si e aos familiares, anonimato e proteção para evitar retaliações, acompanhamento psicológico.

Sob o ponto de vista jurídico, finalmente, o autor se debruça para realizar um estudo sistemático e consistente da legislação brasileira acerca da infiltração de agentes, apontando os aspectos positivos e também as lacunas desta legislação. Ademais, com inspiração nas soluções encontradas por outras nações em situação similar, o autor traça um panorama daquilo que deveria ser considerado, em termos morais, jurídicos e procedimentais, para que a utilização judicial deste meio especial de investigação que é a infiltração de agentes tenha o êxito exigido num Estado Democrático de Direito.

Por todos os aspectos apresentados até aqui, entendo que a obra ora disponibilizada ao público reúne qualidades notáveis, sendo uma excelente referência para aqueles que pretendam aprofundar seu entendimento acerca da infiltração de agentes na perspectiva judicial. Não traz verdades inquestionáveis nem dogmas, mas importantes interrogações e propostas, frutos do amadurecimento acadêmico e profissional do seu autor, magistrado de grande envergadura moral e de ilibada e destacada carreira jurídica.

Neste sentido, constitui-se grande honra para mim, professor universitário de Filosofia e de Direito que acredita na justiça e na força do Direito em ser uma das esferas de promoção da mesma na sociedade, poder participar como interlocutor do autor desta obra de projeto tão rico, voltado, em última instância, para a construção de uma sociedade mais justa para todos.

Rio de Janeiro/Brasil, junho de 2012.

PH.D. GILVAN LUIZ HANSEN

# SUMÁRIO

## INTRODUÇÃO À 3ª EDIÇÃO

O presente trabalho teve início em um contexto interdisciplinar, que é a tônica do Programa da Pós-Graduação em Justiça Administrativa (PPGJA/UFF), onde os órgãos encarregados de julgar a Administração Pública são estudados sob os mais diversos prismas: histórico, econômico, filosófico, das ciências da saúde, jornalístico e, por certo, jurídico.

No caso do presente trabalho, uma matéria que poderia ser analisada apenas sob o prisma jurídico, ou, até mais especificamente, do direito processual penal, o será também através dos aspectos histórico, econômico e filosófico. Isto é, não se trata de um estudo sobre o instituto da infiltração de agentes, mas um trabalho que parte dele.

Veja-se que, por ocasião da primeira edição desta obra, a redação das normas que versavam sobre a infiltração de agentes (Leis 9.034/95 e 11.343/06) era pobre, porquanto tratava basicamente do âmbito em que este meio de prova era admitido, bem como da necessidade de autorização judicial para tanto.

Não havia menção alguma, naqueles diplomas, sobre aspectos relevantes à aplicação daquele meio de prova, tais como legitimidade, requisitos, limites da atuação do agente, entre outros, o que conduziu à conclusão de que competiria ao magistrado preencher estas lacunas.

A partir da edição da Lei 12.850/13, muitas das lacunas foram supridas. Entretanto, os aspectos mais polêmicos continuaram com grande abertura à criatividade judicial, pois a riqueza do cotidiano impede que o Legislador tudo preveja. As recentes alterações trazidas pela Lei Anticrime não alteraram tal panorama.

O objetivo deste trabalho era e continua sendo, pois, justamente o de esclarecer a legitimidade do papel do juiz como supridor das lacunas da lei, as quais, como veremos, são inevitáveis.

Para tanto, no primeiro capítulo, será feita uma introdução do tema, na qual será conceituada a infiltração de agentes, bem como debatida a sua legitimidade nos âmbitos constitucional, moral e econômico. O leitor será introduzido na legislação nacional e nas lacunas presentes na mesma.

Para responder, contudo, se o magistrado pode suprir tais lacunas, o segundo capítulo iniciará com uma digressão histórica sobre o poder criativo dos juízes, a qual será seguida por uma análise filosófica e ética, as quais contribuirão para que se entenda por que o Legislador incumbiu o magistrado de suprir as lacunas processuais penais no art. 3º do Código de Processo Penal.

No terceiro capítulo, teremos a ênfase no caso em concreto, isto é, mostrar-se-á como as lacunas deverão ser supridas por um magistrado que entenda cabível a infiltração de agentes no caso em concreto.

O presente trabalho, como se verá, é fruto de extensa pesquisa doutrinária e jurisprudencial, que são os meios mais frutíferos a inspirar a discussão que aqui se trava. A opção pela realização de citação no próprio texto, e não em notas, visa facilitar a localização, pelo leitor, das fontes utilizadas.

Para facilitar a compreensão do trabalho, esclarece-se que o conceito de Estado Democrático de Direito utilizado pelo autor é o trazido pelo art. 1º da Constituição Federal, que fala de um Estado governado com base na Constituição e nas leis derivadas da vontade do próprio Povo, as quais devem ser pautadas pelos valores da soberania, da cidadania, da dignidade da pessoa humana, dos valores sociais do trabalho e da livre iniciativa e do pluralismo político.

Desde já, agradece-se a atenção e o prestígio destinado ao autor por aqueles que se deixarão levar pelas páginas que seguem.

# 1
# Infiltração de Agentes

## 1.1. Situando o assunto: aspectos históricos e conceituais do agente infiltrado

A infiltração de agentes é um assunto que chama a atenção da coletividade, tanto pelas repercussões cinematográficas, quanto pela curiosidade que o crime organizado, principal hipótese de incidência deste meio de prova, aguça no inconsciente coletivo. Afinal, como salienta Eugênio Raul Zaffaroni (1996, p. 48), este exerce sobre o público "a fascinação própria de toda conspiração".

O fascínio, contudo, deveria ser substituído pela repulsa, porquanto as consequências do crime organizado são altamente nefastas e atingem o próprio núcleo do princípio da dignidade da pessoa humana. Todos os dias, milhares de pessoas sucumbem aos efeitos do tráfico de entorpecentes, da mesma forma que outras são verdadeiramente comercializadas, seja como força de trabalho, como fornecedora de órgãos ou mesmo como objeto sexual.

Por certo, tais crimes não teriam arregimentado tantas vítimas não fosse a existência de grupos altamente estruturados para maximizar o lucro, pouco se importando com as consequências sociais de seus atos. A crônica policial, neste sentido, vem registrando a existência das mais variadas espécies de grupos criminosos, sendo evidente que a sua estruturação e o seu poderio econômico têm sido imprescindíveis para seus resultados serem tão danosos ao corpo social.

A possibilidade de ganhos, por sinal, viabiliza o uso de todos os expedientes possíveis para preservar as cabeças pensantes da organização, de modo que apenas os integrantes dos mais baixos níveis da estrutura criminal acabam caindo nas mãos dos órgãos de persecução penal.

Estas contingências ocasionaram a necessidade do uso de expedientes investigatórios que possibilitem justamente fustigar estes grupos em seus mais altos escalões, posições de difícil substituição. Neste contexto, ganha ênfase o estudo da infiltração de agentes, explicitando a razão de investigações envolvendo organizações criminosas serem uma das principais hipóteses de incidência deste meio investigatório.

Antonio Scarance Fernandes (2008, p. 252) ensina que o instituto tem origem "ligada aos serviços secretos e de espionagem", o que é confirmado por Eduardo Araújo da Silva (2009, p. 75), que aponta as raízes da infiltração no absolutismo francês e na busca de Luís XIV em conservar o regime, nos termos abaixo transcritos:

> A origem do instituto pode ser buscada no período do absolutismo francês, sobretudo nos tempos de Luís XIV, no qual para reforçar o regime foi criada a figura do "delator", composta por cidadãos que descobriram na sociedade os inimigos políticos, em troca de favores do príncipe. Nessa época, sua prática limitava-se a espionar e levar os fatos ao conhecimento das autoridades, sem qualquer atividade de provocação. Contudo, com o passar do tempo, a atividade de vigiar os suspeitos não foi suficiente para neutralizar a oposição ao regime, passando a atividade da mera espionagem para a provocação de condutas consideradas ilícitas.

Em que pese a origem europeia, foi nos Estados Unidos da América que o instituto foi desenvolvido a ponto de atingir a eficácia desejada na erradicação do crime organizado, como demonstram vários episódios da crônica policial, tais como as atuações infiltradas dos policiais *Donnie Brasco* e *Bob Musella*.

*Donnie Brasco*, pseudônimo do agente Joseph Pistone, infiltrou-se na máfia novaiorquina, mais precisamente na família Bonanno, entre os anos de 1976 e 1981, tendo ficado próximo, inclusive, de se tornar membro da referida organização criminosa. A investigação por ele levada a cabo ocasionou o indiciamento e condenação de centenas de pessoas. A missão de *Donnie* Brasco está relatada em livro homônimo (Pistone; Woodley, 2009), que acabou sendo levado às telas de Hollywood.

Outra atuação digna de nota foi a protagonizada por Robert Mazur, no papel de Bob Musella. Durante 5 anos, o agente do órgão alfandegário americano incorporou um criminoso responsável por lavar dinheiro para o Cartel de Medellin. O término da operação não foi menos cinematográfico que a última, tendo em vista que as prisões ocorreram no ambiente festivo em que se realizaria o casamento de Musella com outra agente infiltrada, ou seja, os acusados, todos envolvidos em lavagem de dinheiro oriundo do tráfico de entorpecentes, foram enganados a tal ponto de, inclusive, facilitarem suas prisões, juntando-se em um local, de sorte a otimizar o trabalho das autoridades (Mazur, 2010).

Como visto, a evolução do instituto foi tamanha que o enquadrou nos *standards* exigidos pelo Estado Democrático de Direito. O que antes era uma espécie de opressão monárquica acabou inspirando uma das poucas formas eficazes encontradas pelos órgãos policiais modernos para reprimir organizações criminosas altamente profissionais e compartimentalizadas. O uso de agentes infiltrados, aliás, já foi reconhecido pela legislação e jurisprudência de vários países democráticos, a confirmar esta adaptação.

Para fins introdutórios, agente infiltrado é aquele policial que, ocultando sua verdadeira identidade e função através do uso de cobertura fictícia, aproxima-se de suspeitos da prática de determinados crimes para fazer prova da sua ocorrência. Trata-se de meio de obtenção de prova (art. 3º, VII, da Lei 12.850/13), de caráter excepcional, no qual se objetiva desvelar práticas criminosas através de um ardil (ocultação da identidade e da qualidade de servidor público do infiltrado).

Sublinhe-se, aqui, o caráter excepcional de tal medida, haja vista as evidentes repercussões nos direitos fundamentais do acusado e de terceiros, bem como de seus familiares, (Fernandes, 2009, p. 19), cujas intimidades serão relativizadas em prol da coletividade. Assim, consoante será melhor delimitado quando abordado o princípio da proporcionalidade, trata-se de meio investigatório destinado apenas aos casos mais graves, nos quais inexistam outros meios menos invasivos aptos a permitir a persecução penal.

Por outro lado, o agente infiltrado deve ser devidamente diferenciado do agente à paisana, bem como do provocador.

O agente à paisana não se utiliza de ardil para ocultar sua identidade, nem ganha a confiança dos membros da organização para se infiltrar ou se aproximar desta, por exemplo. Atuando de forma passiva, isto é, sem revelar de antemão sua condição de policial, mas não utilizando falsa identidade, frequenta lugares estratégicos para proceder à prisão em flagrante de criminosos.

Assim, o policial à paisana "apenas não é identificado por terceiros porque, no momento, não se encontra fardado" (ONETO, 2005, p. 139). Logo, não se enquadra no conceito de infiltrado, **não necessitando de autorização judicial**. Discorda-se, neste ponto, daqueles que afirmam que o agente à paisana utiliza-se do engodo (KNIJNIK, 2004, p. 17), pois este apenas não revela sua identidade, como fazem as pessoas diariamente em seu convívio social, ao entrar em ambientes abertos como lojas ou restaurantes.

Há que ser salientado, contudo, que respeitada doutrina, com base nos ensinamentos de Alves Meireis, nomina o policial à paisana de agente encoberto (GONÇALVES; ALVES; VALENTE, 2001, p. 37-42). Neste trabalho, contudo, considerar-se-á o termo agente encoberto como sinônimo de infiltrado, como proposto por Isabel Oneto (2005, p. 138-139). Tal escolha tem duas razões. A primeira baseia-se no fato de que a legislação portuguesa, assim como a espanhola, trata das operações encobertas, do que se denota a intenção do legislador em tratar os termos como sinônimos. Isto nos leva à segunda razão, que pode ser sintetizada no fato de que a utilização de ardil pelos órgãos de repressão criminal deve ser excepcional e com autorização judicial. Assim, independentemente do grau de infiltração pretendido, o uso de ardil (criação de "cobertura"), ao menos nos países ligados à *civil law*, demanda autorização judicial.

Frise-se, nesse sentido, que não se sabe, de antemão, se uma infiltração será bem sucedida. Contudo, a simples tentativa de implementação deste meio de investigação se inicia com a criação do personagem, o que demanda autorização judicial.

Assim, tem-se que a melhor forma de diferenciar o agente infiltrado do à paisana é o uso de "cobertura" e não propriamente a infiltração (BONFIM, 2004, p. 22), até porque, como antes mencionado, a concretização desta é incerta.

Não se pode confundir, ademais, infiltração com penetração, que é o caso, por exemplo, daquele agente que "ingressa em um ponto de venda de drogas para, passando-se por usuário, colher um maior número possível de informações referente ao comércio de entorpecentes" (LOPES, 2008, p. 115). Trata-se, por certo, de medida que não precisa de autorização judicial e que é, de regra, anterior à infiltração, até por ser esta a *ultima ratio* dos órgãos persecutórios, pela vulneração, ainda que justificada, de direitos fundamentais. A penetração policial, portanto, é feita pelo policial à paisana, e não por um agente infiltrado. Não há "cobertura" ou identidade falsa, mas apenas silêncio no tocante à identidade e à qualidade de policial.

A doutrina também realiza uma distinção entre o agente infiltrado e o provocador: o agente se torna provocador quando extrapola os limites legais da infiltração, pelo que boa doutrina o denomina "o primo ilegítimo do infiltrado" (FURTADO, 2003, p.11).

A alegada ilegitimidade, por sinal, é fruto da influência do agente na ocorrência do delito, o qual não teria sido praticado sem a sua intervenção. Segundo Gonçalves, Alves e Valente (2001, 37), "o provocador cria o próprio crime e o próprio criminoso, porque induz o suspeito à prática de actos ilícitos, instigando-o e alimentando o crime, agindo, nomeadamente, como comprador ou fornecedor de bens ou produtos ilícitos".

Não se pode, da mesma forma, confundir o infiltrado com informante, o qual foi finalmente incorporado de forma expressa no nosso ordenamento pela Lei 13.608/18. Segundo tal norma, o informante é pessoa que fornece informações de interesse dos órgãos de persecução penal, eventualmente em troca de vantagem econômica. Não é necessária a prévia autorização judicial para o uso do informante, até por questões óbvias. Contudo, a infiltração de agentes é dependente da prévia chancela de um juiz, tal como será adiante demonstrado.

Passada esta introdução, convém minudenciar a relevância do instituto na repressão do crime organizado, uma de suas hipóteses de incidência, para que melhor se compreenda a necessidade de sua utilização, ainda que em hipóteses excepcionais.

## 1.2. Importância do instituto

Ao se falar de crime organizado, o primeiro exemplo que surge em nossas mentes é o tráfico de entorpecentes. Entretanto, para afastar uma suposta identidade entre crime organizado e tráfico de drogas, lançar-se-á mão de outro exemplo igualmente contundente, ainda que não com a mesma presença diária nas crônicas policiais.

É o tráfico de seres humanos, isto é, de homens, mulheres e crianças, tanto para fins de fornecimento de força de trabalho, quanto para exploração sexual ou venda de órgãos. De acordo com o Escritório das Nações Unidas contra as Drogas e o Crime – UNODC (2008, p. 59-60), trata-se de um fenômeno crescente, o qual é frequentemente referido como a escravidão moderna (*modern-day slavery*).

Não é preciso fundamentar longamente para sustentar o quanto esta espécie de delito ofende o núcleo do direito à dignidade de milhares de seres humanos. Desde a perda da liberdade e a exposição à doenças, até a estigmatização e a dependência de drogas por parte das vítimas, são vários os exemplos apontados pelos órgãos internacionais para demonstrar o alto custo social desta prática criminosa (UNODC, 2008, p. 82-87).

É alto, também, o custo econômico desta espécie de delito, o qual, de acordo com o UNODC (2008, p. 93), é representado pela soma dos recursos utilizados para prevenção, tratamento e suporte às vítimas, com os valores despendidos com a persecução penal dos ofensores.

Infelizmente, este crescimento faz-se sentir também no Brasil. De acordo com as informações da UNODC (2009, p. 154-167), no seu relatório anual de 2009 sobre o tráfico de seres humanos, o número de investigações referentes às modalidades de exploração sexual e trabalho escravo encontram-se em ascensão desde 2004, ainda que poucas tenham redundado em ações penais. O crescimento da detecção de vítimas segue sendo uma tendência na América do Sul, de acordo com recente relatório da UNODC, como demonstra o gráfico abaixo (2020, p. 161 ):

FIG. 163 **Average victim detection rates (per 100,000 population) globally and by subregions in the Americas, 2003-2018**

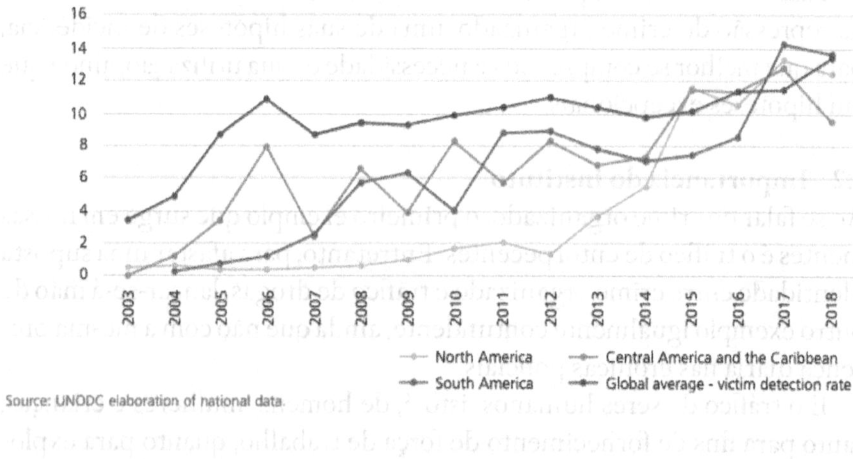


Source: UNODC elaboration of national data.

Destaca-se a existência de relevante percentual de brasileiras vítimas de exploração sexual em países como Itália, Bélgica e Holanda (UNODC, 2009, p. 238-267), pelo que é evidente o dever do Brasil em envidar esforços de sorte a proteger seus cidadãos.

A crônica policial, da mesma forma, registrou a existência de organização criminosa que levava brasileiros para Durban, na África do Sul, onde doavam seus órgãos para estrangeiros em troca de compensação financeira. A Operação Bisturi, como ficou conhecido o inquérito policial que redundou em ação penal julgada pela Justiça Federal no Pernambuco, foi objeto de interessante livro de Julio Ludemir (2008).

A ascensão desta espécie de criminalidade é evidente, haja vista que o tráfico de seres humanos gera US$ 31,6 bilhões por ano (UNODC, 2008, p. 96), o que atrai a atenção das organizações criminosas, tal como ocorre com o tráfico de drogas e armas, outras atividades ilícitas altamente lucrativas.

Isto porque é público e notório que o crime organizado direciona-se à realização do dinheiro fácil, pouco importando as consequências de seus atos à sociedade. Para isto, não hesitam tais grupos em lançar mão de expedientes para afastar a persecução penal, os quais podem ser sintetizados na expressão "cultura de supressão de provas" (FASSONI *apud* SILVA, 2009, p. 31).

Tal cultura é representada por vários expedientes, dentre os quais destacamos, inicialmente, descentralização das organizações e ocultação dos chefes. Como relatam André Augusto Mendes Machado e Diego Fajardo Maranha Leão de Souza (2009, p. 98), a nova tendência dos narcotraficantes colombianos é "se afastarem do processo de distribuição e venda ao consumidor final", devido às rígidas sanções dos governos americano e colombiano. Segundo os referidos autores:

> Intimidados com as cada vez mais rígidas sanções do governo norte-americano aos envolvidos com o tráfico de drogas, bem como com a ameaça de extradição da Colômbia para serem julgados na América do Norte, os novos barões da droga se limitam a concluir negociações com intermediários que se encarregarão de inserir a droga nos grandes mercados consumidores. Essa nova forma de atuação ocorre tanto junto ao grande "cliente" das drogas colombianas, os Estados Unidos, como perante outro importante mercado, a Europa, em que é cada vez mais comum a associação com grupos criminosos do Leste Europeu e da Rússia, que se responsabilizam por levar a droga até o consumidor da União Européia.

Vê-se, pois, porque a doutrina menciona a "insuficiência de técnicas de investigação tradicionais" (RIFÁ SOLER, 1999, p. 158) diante da intensa compartimentalização do crime organizado, o qual não permite que se chegue aos verdadeiros responsáveis pela organização. Em certos casos, sem a infiltração, serão cortados apenas os tentáculos, mas jamais a cabeça do monstro.

Também deve ser destacada a utilização da intimidação como forma de evitar a delação, frequente nas associações de tipo mafioso, as quais são espécie de crime organizado (Mendroni, 2009, p. 13). É conhecido, por sinal, o uso da *omertà* ou lei do silêncio nessas organizações, o que reflete seu alto poder de intimidação (Silva, 2009, p. 17).

A prática demonstra, da mesma forma, que o poder econômico das organizações permite o uso dos mais avançados meios tecnológicos para facilitar as comunicações, bem como para evitar sua interceptação. Isto sem contar que a comunicação dos criminosos é feita, por vezes, em código ou mesmo em idioma diverso ao do território onde a prática criminosa vem ocorrendo.

O fato, em síntese, é que o crime organizado faz todo o possível para garantir sua impunidade. Dessa forma, não resta ao Estado outra alternativa senão, nestes casos excepcionais, lançar mão de meios mais invasivos, ou mesmo ardilosos, para preservar o direito dos cidadãos.

Repita-se, nesse sentido, que, em certos casos, inexiste outra forma de eliminar uma organização criminosa senão infiltrando-a, pois, sem o conhecimento da estrutura do grupo, será impossível alcançar as cabeças pensantes, de modo que eventual persecução penal acabará incidindo apenas sobre os mencionados tentáculos, os quais, eventualmente, serão posteriormente substituídos por outros.

A questão, contudo, não é pacífica.

Debatendo sobre a eficiência da infiltração de agentes, leciona Antônio Scarance Fernandes (2009, p. 18) que:

> A sua eficiência é bastante discutida. À primeira vista, aparenta ser um meio útil de investigação, pois permitiria superar a grande dificuldade que existe de conhecer o interior de uma organização criminosa e saber quais são os seus membros mais proeminentes. Todavia, traz ínsito um perigo: quem penetra na organização, para não ser descoberto, deve agir como se fosse um membro dela e, assim, deve praticar crimes. Algumas legislações, como a da Espanha e da Argentina, tentaram disciplinar o assunto, especificando os tipos de infrações que poderiam ser cometidas sem responsabilização dos agentes infiltrados. Normalmente, não se autoriza a prática de delitos mais graves. No entanto, até por questões de sobrevivência, o infiltrado pode ser

posto em uma situação tal que o leve a praticar crimes bem ofensivos, como o homicídio. Outro perigo é de o agente passar a atuar para a organização, com ela colaborando até mesmo no fornecimento de informações sobre a polícia.

Com a devida vênia do ilustre processualista, a possibilidade de o agente cometer crimes é algo a ser estudado no âmbito da proporcionalidade da medida. Tem relação com a sua constitucionalidade, e não com a sua eficiência, a qual é comprovada pela possibilidade de se conhecer efetivamente a estrutura da organização.

Da mesma forma, o risco de o crime organizado conseguir informantes dentro da polícia não é facilitado por uma eventual infiltração e pode ocorrer independentemente dela. Há que se confiar, contudo, na integridade das nossas forças policiais, ciente de que a imensa maioria dos seus membros faz jus a esta confiança. A experiência de outros países, por sinal, demonstrou o sucesso da medida e o acerto em dar credibilidade às forças policiais.

Frise-se, por fim, que não se trata de justificar os meios pelos fins, porquanto se constitui em meio constitucionalmente legítimo de produção de provas.

## 1.3. Legitimidade constitucional e questão moral

Não há mais dúvidas, no atual desenvolvimento da ciência jurídica, de que inexistem direitos absolutos. A jurisprudência do nosso Supremo Tribunal Federal, nesse sentido, há anos sustenta não ser possível "que haja prevalência de determinado direito ou interesse sobre outro de igual ou maior estatura jurídico-valorativa" (STF, Segunda Turma, HC 93250/MS, Min. Ellen Gracie, publicado no DJe em 26/06/2008).

Isso significa que, em certos casos, a flexibilização dos direitos dos investigados encontra-se justificada no interesse da coletividade em sustar atividades criminais de alta lesividade, como as mencionadas acima. Não se pode deixar que o direito individual aniquile o coletivo em seu núcleo essencial, assim como a recíproca não seria verdadeira.

Nesse sentido, a simples leitura de nossa Constituição permite aduzir que ela contempla valores que efetivamente justificariam, pela sua força axiológica, a relativização de direitos individuais de igual ou inferior hierarquia, de sorte a evitar a perda da sua eficácia normativa.

Destaca-se, neste sentido, que a Constituição Federal possui como fundamento a dignidade da pessoa humana (art. 1º, III), de modo que a intimidade de alguns investigados, ou mesmo de seus familiares, não pode servir de óbice ao prosseguimento de uma investigação na qual existam fundadas suspeitas da existência de organização criminosa responsável pela prática de tráfico internacional de seres humanos para fins de prostituição infantil, por exemplo.

Da mesma forma, a nossa Carta Magna garante a inviolabilidade da vida, da liberdade e da segurança. Considerando-se os conhecidos efeitos danosos que os entorpecentes ocasionam na vida e na saúde das pessoas, é possível afirmar, igualmente em abstrato, que não seria razoável impedir uma infiltração de agentes alegando apenas e simplesmente que se poderia estar violando a vida privada de indivíduos sob os quais recaem as suspeitas.

Veja-se que as presentes ponderações estão sendo feitas em abstrato, sem descurar que a proporcionalidade deverá ser apreciada também em concreto, como será adiante abordado. O que se quer, neste momento, é verificar se existe justificativa nos planos constitucional e moral para a infiltração de agentes, para o que se tem obtido resposta positiva.

Nessa mesma linha, Antonio Scarance Fernandes é muito feliz ao lembrar que se deve buscar uma ponderação entre o hipergarantismo e o movimento da Lei e da Ordem, pois é apenas pelo equilíbrio dos principais direitos tutelados pelo processo penal (a liberdade e a segurança) que se alcançará uma persecução penal eficiente, mas com a proteção das garantias individuais, decorrentes do devido processo legal (2008, p. 231-233).

Apesar de tal posicionamento ser o prevalente na doutrina e na jurisprudência, nas ciências jurídicas, felizmente, não há unanimidade. Portanto, não deve surpreender o fato da relativização de direitos fundamentais encontrar resistência por parte da doutrina de Antonio Magalhães Gomes Filho (1994, p. 8), que sustenta, em síntese, que a adoção de medidas excepcionais em face da gravidade dos delitos já foi adotada em momentos menos iluminados da História, como a Idade Média.

A relativização com base na proporcionalidade, da mesma forma, traduziria "a aceitação da ideia segundo a qual as garantias processuais são dispensáveis, a ponto de só estarem justificadas quando se trata da apuração de condutas ilícitas menos relevantes". Sustenta, também, o eminente professor que a adoção de tais medidas retira "a legitimidade a a autoridade do aparato estatal, que se vê igualado aos criminosos que se propõe combater". Por fim, teme o ilustre doutrinador que a adoção destas "facilidades" acabe por atrapalhar a busca, por parte dos órgãos persecutórios, de técnicas investigatórias mais modernas (Gomes Filho, 1994, p. 8).

Entende-se que tais ponderações devem ser respeitosamente refutadas. Primeiramente, não se pode comparar o atual momento histórico, no qual os juízes servem à Constituição, com momentos mais nebulosos da Humanidade. O processo penal, hoje, não é mais utilizado para fins de manutenção de um regime ou mesmo para fins religiosos, e serve apenas à preservação do Estado Democrático de Direito.

Também não se pode confundir relativização com dispensabilidade. O fato de um direito ser excepcional e fundamentadamente relativizado apenas com base em situações concretas extremas, antes o consagra do que o desprestigia.

Sobre a conveniência ("facilidade") da adoção da referida técnica, acredita-se que igualmente não assiste razão ao eminente processualista, porquanto a utilização da infiltração de agentes é excepcionalíssima e demanda intensa atividade investigatória prévia que justifique, no caso em concreto, a chancela jurisdicional. Assim, para os órgãos persecutórios, definitivamente não se trata de uma saída fácil, mormente em virtude do custo e dos riscos da atividade.

Por fim, a legitimidade do agente estatal, da mesma forma, não resta abalada, já que ele não está se igualando ao investigado. Um está agindo dentro do Estado Democrático de Direito; o outro, não.

É na submissão do instituto ao Estado Democrático de Direito, por sinal, que reside a sua moralidade (sobre distinção entre moral e ética, vide item 2.2). Afinal, como salienta Luiz Otávio de Oliveira Rocha (2002, p. 55):

> Todos os Estados Democráticos de Direito contemplam a viabilização da Justiça Criminal como causa legítima para justificar a vulneração de direitos fundamentais. O que caracteriza o Estado Democrático de Direito é o submetimento dessa possibilidade a um critério de excepcionalidade extrema, bem assim como de máximo controle de sua execução.

Isto é, a relativização dos direitos fundamentais, neste caso, é fruto de opção legítima da maioria, através de seus representantes, os quais, respeitando os limites constitucionais, decidiram pela impossibilidade de comprometer a coletividade com base na sobrevalorização dos direitos individuais. A universalidade de tal padrão (Habermas, 1989, p. 128-131), constante em vários ordenamentos, é o elemento caracterizador da sua moralidade.

E não se está aqui a confundir moral com direito, porquanto se trata de dois ramos que efetivamente se interligam de forma intensa. Afinal, o discurso que leva à promulgação das normas não é imune à moral, já que é reflexo do debate democrático.

Nesse sentido, leciona Habermas (2003, Vol. II, p. 203) que:

> O direito constitucional revela que muitos desses princípios possuem uma dupla natureza: moral e jurídica. Os princípios morais do direito natural transformaram-se em direito positivo nos modernos Estados constitucionais. Por isso, a lógica da argumentação permite ver que os caminhos de fundamentação, institucionalizados através de processos jurídicos, continuam abertos aos discursos morais.
>
> (...) a legitimidade pode ser obtida através da legalidade, na medida em que os processos para a produção de normas jurídicas são racionais no sentido de uma razão prática-moral procedimental. A legitimidade da legalidade resulta do entrelaçamento entre processos jurídicos e uma argumentação moral que obedece à sua racionalidade procedimental.

Percebe-se, pois, que "os princípios morais, procedentes do direito racional, compõem hoje em dia o direito positivo. Por isso, a interpretação da constituição assume cada vez mais a figura de uma filosofia do direito" (Habermas, 2003, Vol. II, p. 206).

Veja-se que uma interpretação jurídica que dê prevalência a valores como vida, liberdade e segurança da coletividade, face à intimidade individual, dificilmente pode ser tida como imoral, pois contempla aspectos universalmente ligados com a justiça (Habermas, 1989, p. 128-131). Não é por acaso, pois, que a eficácia na repressão ao crime organizado assume contornos de moralidade, "porquanto se ela falecer ou for insuficiente, a sociedade ver-se-á desamparada face ao crime e aos criminosos e o Estado verá frustrado um dos seus fins mais elementares" (Furtado, 2003, p. 9).

O levantamento da questão moral, por sinal, é relevante por se tratar de indicador seguro da aceitação do instituto pela sociedade. Não se pode descurar que, em um Estado Democrático de Direito, os meios e técnicas de investigação devem possuir mais que legitimidade normativa, mas também sociológica, a fim de manter a confiança dos cidadãos nos órgãos de persecução penal (Valente, 2008, p. 181).

Por derradeiro, deve ser salientado que a existência de expressa previsão legal impede que se configure uma situação de deslealdade, de surpresa. Afinal, o cidadão que optar pela delinquência estará assumindo um risco calculado, já que está ciente da lei. Sabe que o dinheiro fácil tem um preço, que é a possibilidade de sofrer a persecução penal através dos meios legalmente disponíveis, como o agente infiltrado (GUIMARÃES, 2008, p. 111).

De todo o exposto, percebe-se que inexistem óbices constitucionais e morais à aplicação do instituto, o que pode ser corroborado pela análise econômica da questão.

### 1.4. Análise econômica

Deve ser frisado, igualmente, que a análise econômica do Direito também pode colaborar com a justificação de medida tão excepcional, pois oferece "um objetivo claro para o direito e a política penal: minimizar o custo social dos crimes", o que auxilia na verificação do equilíbrio das políticas criminais (COOTER; ULEN, 2010, p. 472).

Isto é, o processo penal, como instrumento do direito penal, deve ser também economicamente eficaz, pois: a) se, por um lado, os crimes extremamente danosos à sociedade justificam grandes investimentos, b) por outro, a aplicação deve ser otimizada para gerar a melhor resposta para a sociedade, com o menor investimento **possível**. Ou seja, grandes investimentos apenas são justificados por ótimos retornos.

Vejamos como isto se aplica ao caso em debate.

Como é cediço, os danos causados à sociedade pelo tráfico de drogas e de seres humanos implicam gastos elevados na área da saúde, em que o orçamento é escasso. Ainda que não seja fácil obter dados concretos sobre o custo exato destas atividades criminosas, não há dúvidas de que a Administração Pública é demandada a investir quantias elevadíssimas no tratamento de dependentes, bem como das doenças contraídas em virtude do consumo de tóxicos, as quais fazem (ou farão) falta naquelas áreas que naturalmente demandam investimento estatal.

A corroborar o acima mencionado, pesquisas realizadas no sudoeste da Ásia demonstraram que nada menos que 22,9% das mulheres e crianças traficadas possuíam o vírus HIV (UNODC, 2008, p. 83). Portanto, a par da questão humanitária (que, sem sombra de dúvidas, é a mais relevante), afigura-se evidente que os órgãos de persecução penal, também por questões econômicas, devem usar todos os meios constitucionalmente adequados para a prevenção do tráfico de seres humanos para fins sexuais. Afinal, a conta, no âmbito da saúde, será elevada.

Do acima citado, contudo, extrai-se uma conclusão: que o crime organizado pode justificar o investimento na sua erradicação, devido aos danos que causa.

Entretanto, os impactos econômicos, por si só, não bastam para justificar uma medida excepcional, pois a eficiência dos gastos com a persecução penal também deve ser ponderada. Deve-se analisar o custo/benefício das novas estratégias, para verificar se elas serão melhores que os meios atualmente utilizados.

Veja-se, nesse sentido, que, embora o número de investigações pela Polícia Federal acerca do tráfico de pessoas tenha crescido entre 2003 e 2006 (349 casos), o número de ações propostas (31 casos) não acompanhou o referido crescimento (UNDOC, 2008, p. 155), ou seja, os inquéritos, como levados a cabo, não possibilitaram a propositura de ação penal, o que é indício de ineficácia, visto que tiveram custos, sem resultado adequado.

A constatação da ineficiência dos meios atuais, entretanto, não justifica, por si só, a adoção do meio excepcional. Afinal, a análise econômica do Direito também serve para impedir que meios excepcionais sejam utilizados indiscriminadamente, sem equilíbrio. Isto é, deve-se analisar se o investimento no novo meio é justificado.

Veja-se que, no caso da infiltração de agentes, além dos riscos potenciais à saúde e à vida do infiltrado, uma operação encoberta complexa pode exigir gastos com: a) adequada indenização do agente e de todos os envolvidos (trabalho extraordinário e o pagamento de diárias, eventualmente), b) os custos da nova vida do agente (casa, alimentação, etc.), bem como c) com as demais despesas da operação, como equipe de vigilância, equipamentos de última geração, entre outros.

Assim, é necessário averiguar se não há outra forma mais econômica de se alcançar o mesmo resultado. A eficiência da medida, portanto, não justifica o seu uso desmedido, o que tranquiliza aqueles que eventualmente possam temer o seu uso indiscriminado.

Deste modo, é evidente que os próprios órgãos policiais apenas devem buscar esta alternativa em último caso, também por questões econômicas. E terão, ainda, que passar pelo crivo do Ministério Público e pela apreciação do Juiz, que verificará a proporcionalidade da questão no caso concreto, também sob o ponto de vista financeiro.

Não é por acaso, pois, que a infiltração é aceita em vários ordenamentos com moderação, já que sua aplicação, em caráter excepcional, também é justificada economicamente.

## 1.5. Infiltração de agentes no direito comparado

A infiltração de agentes vem sendo aceita em inúmeros países, sendo que a tônica, nos ordenamentos vinculados à *civil law*, parece ser a necessidade de autorização judicial, tal como ocorre, apenas para exemplificar, nas seguintes nações: Argentina (*Ley* 27.319/16), Colômbia (Código de Processo Penal), Portugal (Lei 101/2001), Espanha (*Ley de Enjuiciamento Criminal*) e França (Código de Processo Penal).

Em todos estes países, existe submissão ao controle judicial, seja prévia ou em momento imediatamente posterior. Assim, por exemplo, na Colômbia, a infiltração será deferida pelo fiscal, mas deverá ser submetida ao juiz de garantias até 36 horas após o término da operação, segundo o art. 242 do Código de Processo Penal colombiano. Por sua vez, na Argentina, a autorização é prévia, nos termos do art. 4º da *Ley* 27.319/16.

O controle parece ter um fim evidente, que é resguardar a proporcionalidade da medida, isto é, verificar se a relativização de direitos fundamentais é imprescindível no caso em concreto, bem como se foi respeitado o devido processo legal. Neste sentido, cita-se o art. 3º da Lei 101/2001 de Portugal, que, no item 1, dispõe que as ações em debate deverão "ser adequadas aos fins de prevenção e repressão criminais identificados em concreto, nomeadamente a descoberta de material probatório, e proporcionais quer àquelas finalidades quer à gravidade do crime em investigação".

A excepcionalidade deste meio de prova e sua restrição aos delitos de maior gravidade também se encontram delimitadas na legislação espanhola, que restringe a infiltração a determinados delitos enquadrados no conceito de crime organizado (art. 282 *bis* da *Ley de Enjuiciamento Criminal*), assim como ocorre na normatização francesa (art. 706-81 do Código de Processo Penal).

Outros sistemas, tal como o dos Estados Unidos da América, não vislumbram tal necessidade de chancela e supervisão, como demonstra o seguinte artigo comparativo feito em parceria pelo autor desta obra com a Profa. Lissa Griffin, da Elisabeth Haub School of Law at Pace University:

> "Nos Estados Unidos, é claro, o uso de agentes encobertos pela polícia e pelo Ministério Público é limitado apenas pelos limites amplos e permissivos

da cláusula do devido processo. Veja: United States v. Cuervelo, 949 F.2d 559 (2d Cir. 1991). Diferentemente do Brasil, nos Estados Unidos não há exigência de autorização ou supervisão judicial de qualquer tipo para operações infiltradas. De fato, a Suprema Corte deixou claro que o uso de agentes encobertos – mesmo usando escuta – não constitui uma busca nos termos da Quarta Emenda. Lopez v. United States, 373 U.S. 427 (1963), On Lee v. United States, 343 U.S. 747 (1952), Hoffa v. United States, 385 U.S. 293 (1966) e United States v. White, 401 U.S. 745 (1971). Como fundamentado pela Corte, a traição por um partícipe é sempre um risco e não há expectativa de privacidade nas interações envolvendo agentes infiltrados" (livre tradução).

O fundamento, como acima demonstrado, é o permanente risco de traição no mundo do crime. Assim, quem pratica delitos não pode ser surpreendido pela deslealdade, pelo que seu direito à privacidade fica comprometido. Por esta razão, o sistema americano não se preocupa com distinções entre policial à paisana e agente infiltrado, tal como ocorre nos sistemas ligados ao direito continental.

Por certo, não se está aqui esgotando a análise do direito comparado. Contudo, servem estes exemplos para demonstrar a perfeita adaptação do instituto da infiltração de agentes ao regime democrático, a exemplo do que ocorre no Brasil, o que também reforça a sua legitimidade.

## 1.6. Infiltração de agentes no direito brasileiro

O agente infiltrado foi introduzido pela primeira vez no ordenamento jurídico nacional através da Lei 10.217/2001, que incluiu os incisos IV e V no artigo 2º da Lei 9.034/95, que passou a ostentar a seguinte redação:

> Art. 2º Em qualquer fase de persecução criminal são permitidos, sem prejuízo dos já previstos em lei, os seguintes procedimentos de investigação e formação de provas: (NR)
>
> ..............................................................................................................
>
> IV – a captação e a interceptação ambiental de sinais eletromagnéticos, óticos ou acústicos, e o seu registro e análise, mediante circunstanciada autorização judicial;
>
> V – infiltração por agentes de polícia ou de inteligência, em tarefas de investigação, constituída pelos órgãos especializados pertinentes, mediante circunstanciada autorização judicial.

Parágrafo único. A autorização judicial será estritamente sigilosa e permanecerá nesta condição enquanto perdurar a infiltração.

A alteração legislativa teve por escopo superar o veto presidencial ao inciso I do mesmo artigo quando da promulgação da Lei das Organizações Criminosas, cuja redação original previa:

Art. 2º (...)

I – a infiltração de agentes da polícia especializada em quadrilhas ou bandos, vedada qualquer co-participação delituosa, exceção feita ao disposto no art. 288 do Decreto-lei nº 2.848, de 7 de dezembro de 1940 – Código Penal, de cuja ação se preexclui, no caso, a antijuridicidade;

Na época, o Exmo. Sr. Presidente da República vetou o referido dispositivo, pois entendeu que era temerário permitir a infiltração sem autorização judicial. A par disto, a possibilidade de o agente cometer delito, ao que parece, deixou o Poder Executivo desconfortável.

Observa-se, pois, que a promulgação da Lei 10.217/01 consagrou o consenso sobre a necessidade de autorização judicial para a infiltração, deixando-se, todavia, a questão da possibilidade do cometimento de crimes para a solução através da via doutrinária e jurisprudencial, como será adiante abordado.

A infiltração de agentes voltou à pauta legislativa por ocasião da publicação da penúltima Lei de Drogas, Lei nº 10.419, de 11 de janeiro de 2002, que ostentava a seguinte redação:

Art. 33 Em qualquer fase da persecução criminal relativa aos crimes previstos nesta Lei, são permitidos, além dos previstos na Lei nº 9.034, de 3 de maio de 1995, mediante autorização judicial, e ouvido o representante do Ministério Público, os seguintes procedimentos investigatórios:

I – infiltração de policiais em quadrilhas, grupos, organizações ou bandos, com o objetivo de colher informações sobre operações ilícitas desenvolvidas no âmbito dessas associações;

II – a não-atuação policial sobre os portadores de produtos, substâncias ou drogas ilícitas que entrem no território brasileiro, dele saiam ou nele transitem, com a finalidade de, em colaboração ou não com outros países, identificar e responsabilizar maior número de integrantes de operações de tráfico e distribuição, sem prejuízo da ação penal cabível.

Na atual Lei de Drogas, Lei nº 11.343, de 23 de agosto de 2006, a infiltração de agentes está prevista no art. 53, abaixo transcrito:

> Art. 53. Em qualquer fase da persecução criminal relativa aos crimes previstos nesta Lei, são permitidos, além dos previstos em lei, mediante autorização judicial e ouvido o Ministério Público, os seguintes procedimentos investigatórios:
>
> I – a infiltração por agentes de polícia, em tarefas de investigação, constituída pelos órgãos especializados pertinentes;
>
> II – a não-atuação policial sobre os portadores de drogas, seus precursores químicos ou outros produtos utilizados em sua produção, que se encontrem no território brasileiro, com a finalidade de identificar e responsabilizar maior número de integrantes de operações de tráfico e distribuição, sem prejuízo da ação penal cabível.
>
> Parágrafo único. Na hipótese do inciso II deste artigo, a autorização será concedida desde que sejam conhecidos o itinerário provável e a identificação dos agentes do delito ou de colaboradores.

Até a promulgação da Lei 12.850/13, eram estas, pois, as duas possibilidades de deferimento de infiltração de agentes em nosso ordenamento: a) investigação envolvendo quadrilha, associação ou organização criminosa; e b) nos crimes previstos na Lei de Tóxicos, afigurando-se imprescindível a existência de inquérito policial já instaurado com base nestes delitos (Neistein, 2006, p. 96).

A Lei 12.850/13, na sua redação original, trouxe inegável aprimoramento ao instituto da infiltração de agentes, minudenciando-o de forma sem precedentes no direito nacional, como se percebe da leitura dos dispositivos abaixo colacionados:

> Seção III
>
> Da Infiltração de Agentes
>
> Art. 10. A infiltração de agentes de polícia em tarefas de investigação, representada pelo delegado de polícia ou requerida pelo Ministério Público, após manifestação técnica do delegado de polícia quando solicitada no curso de inquérito policial, será precedida de circunstanciada, motivada e sigilosa autorização judicial, que estabelecerá seus limites.
>
> § 1º Na hipótese de representação do delegado de polícia, o juiz competente, antes de decidir, ouvirá o Ministério Público.

§ 2º Será admitida a infiltração se houver indícios de infração penal de que trata o art. lo e se a prova não puder ser produzida por outros meios disponíveis.

§ 3º A infiltração será autorizada pelo prazo de até 6 (seis) meses, sem prejuízo de eventuais renovações, desde que comprovada sua necessidade.

§ 4º Findo o prazo previsto no § 3º, o relatório circunstanciado será apresentado ao juiz competente, que imediatamente cientificará o Ministério Público.

§ 5º No curso do inquérito policial, o delegado de polícia poderá determinar aos seus agentes, e o Ministério Público poderá requisitar, a qualquer tempo, relatório da atividade de infiltração.

Art. 11. O requerimento do Ministério Público ou a representação do delegado de polícia para a infiltração de agentes conterão a demonstração da necessidade da medida, o alcance das tarefas dos agentes e, quando possível, os nomes ou apelidos das pessoas investigadas e o local da infiltração.

Art. 12. O pedido de infiltração será sigilosamente distribuído, de forma a não conter informações que possam indicar a operação a ser efetivada ou identificar o agente que será infiltrado.

§ 1º As informações quanto à necessidade da operação de infiltração serão dirigidas diretamente ao juiz competente, que decidirá no prazo de 24 (vinte e quatro) horas, após manifestação do Ministério Público na hipótese de representação do delegado de polícia, devendo-se adotar as medidas necessárias para o êxito das investigações e a segurança do agente infiltrado.

§ 2º Os autos contendo as informações da operação de infiltração acompanharão a denúncia do Ministério Público, quando serão disponibilizados à defesa, assegurando-se a preservação da identidade do agente.

§ 3º Havendo indícios seguros de que o agente infiltrado sofre risco iminente, a operação será sustada mediante requisição do Ministério Público ou pelo delegado de polícia, dando-se imediata ciência ao Ministério Público e à autoridade judicial.

Art. 13. O agente que não guardar, em sua atuação, a devida proporcionalidade com a finalidade da investigação, responderá pelos excessos praticados.

Parágrafo único. Não é punível, no âmbito da infiltração, a prática de crime pelo agente infiltrado no curso da investigação, quando inexigível conduta diversa.

Art. 14. São direitos do agente:

I – recusar ou fazer cessar a atuação infiltrada;

II – ter sua identidade alterada, aplicando-se, no que couber, o disposto no art. 9º da Lei no 9.807, de 13 de julho de 1999, bem como usufruir das medidas de proteção a testemunhas;

III – ter seu nome, sua qualificação, sua imagem, sua voz e demais informações pessoais preservadas durante a investigação e o processo criminal, salvo se houver decisão judicial em contrário;

IV – não ter sua identidade revelada, nem ser fotografado ou filmado pelos meios de comunicação, sem sua prévia autorização por escrito.

Como já havia mencionado em outra oportunidade (WOLFF, 2018, p. 221), a Lei 12.850/13 passou a regular investigações: a) envolvendo organizações criminosas, descritas no art. 1º, § 1º, da citada norma, bem como b) nos casos previstos no § 2º da Lei. Segundo este, o instituto também se aplica: b1) "às infrações penais previstas em tratado ou convenção internacional quando, iniciada a execução no País, o resultado tenha ou devesse ter ocorrido no estrangeiro, ou reciprocamente", e b2) "às organizações terroristas, entendidas como aquelas voltadas para a prática dos atos de terrorismo legalmente definidos" pela Lei 13.260/16.

Portanto, após a promulgação da citada lei, a infiltração de agentes passou a ser aplicável como forma de investigação do crime de pornografia infanto-juvenil via Internet, por exemplo, independentemente da haver grupo criminoso envolvido, tendo em vista a transnacionalidade envolvida e a existência de tratado internacional obrigando o Brasil à proceder à erradicação deste delito. Com a revogação da Lei 9.034/95, entretanto, deixou de ser possível investigar o crime previsto no art. 288 do Código Penal utilizando-se da infiltração, a menos que envolva alguma das hipóteses do art. 1º, § 2º, da Lei 12.850/13.

Não foi tão somente a amplitude das hipóteses de incidência da infiltração de agentes que restou modificada pela mencionada norma. Antes, os diplomas basicamente afirmavam que a infiltração dependia de decisão judicial e que poderia ser realizada por agentes de polícia (na Lei 9.034/95 e na Lei 11.343/06) ou de inteligência (apenas na Lei 9.034/95). Após a Lei 12.850/13, a infiltração passou a ser executável apenas por agentes de polícia, e sua redação não é mais tão lacunosa. A legitimidade para requerer ou representar, os requisitos para o deferimento e o tempo de duração, por exemplo, restaram discriminados pelo referido diploma.

Em 6 de outubro de 2016, foi promulgada a Lei 13.344/16, sobre tráfico de pessoas. Tal diploma determinou a aplicação subsidiaria da Lei 12.850/13, no que couber, aos crimes ali mencionados. Logo, a infiltração de agentes passou a ser admissível também para identificar também para prevenir e reprimir a prática destes delitos.

Por fim, em 8 de maio de 2017, entrou em vigência a Lei 13.441/17, a qual alterou "a Lei nº 8.069, de 13 de julho de 1990 (Estatuto da Criança e do Adolescente), para prever a infiltração de agentes de polícia na internet com o fim de investigar crimes contra a dignidade sexual de criança e de adolescente". Nela, restou regulamentada a infiltração de agentes de polícia na internet com o fim de investigar os crimes previstos nos arts. 240, 241, 241-A, 241-B, 241-C e 241-D do Estatuto da Criança e do Adolescente (ECA), bem como nos arts. 154-A, 217-A, 218, 218-A e 218-B do Código Penal. Como expressamente previsto no ECA, tais disposições apenas se aplicam para investigação virtual dos crimes nela mencionados, ou seja, limitam-se: a) à infiltração virtual, para b) investigação dos crimes acima discriminados (condições cumulativas).

Por ocasião do Pacote Anticrime (Lei 13.964/19), foram acrescentados à Lei 12.850/13 os artigos 10-A, 10-B, 10-C e 10D, os quais passaram a disciplinar a infiltração virtual, nos seguintes termos:

> Art. 10-A. Será admitida a ação de agentes de polícia infiltrados virtuais, obedecidos os requisitos do caput do art. 10, na internet, com o fim de investigar os crimes previstos nesta Lei e a eles conexos, praticados por organizações criminosas, desde que demonstrada sua necessidade e indicados o alcance das tarefas dos policiais, os nomes ou apelidos das pessoas investigadas e, quando possível, os dados de conexão ou cadastrais que permitam a identificação dessas pessoas.
>
> § 1º Para efeitos do disposto nesta Lei, consideram-se:
>
> I – dados de conexão: informações referentes a hora, data, início, término, duração, endereço de Protocolo de Internet (IP) utilizado e terminal de origem da conexão;
>
> II – dados cadastrais: informações referentes a nome e endereço de assinante ou de usuário registrado ou autenticado para a conexão a quem endereço de IP, identificação de usuário ou código de acesso tenha sido atribuído no momento da conexão.
>
> § 2º Na hipótese de representação do delegado de polícia, o juiz competente, antes de decidir, ouvirá o Ministério Público.
>
> § 3º Será admitida a infiltração se houver indícios de infração penal de que trata o art. 1º desta Lei e se as provas não puderem ser produzidas por outros meios disponíveis.
>
> § 4º A infiltração será autorizada pelo prazo de até 6 (seis) meses, sem prejuízo de eventuais renovações, mediante ordem judicial fundamentada e

desde que o total não exceda a 720 (setecentos e vinte) dias e seja comprovada sua necessidade.

§ 5º Findo o prazo previsto no § 4º deste artigo, o relatório circunstanciado, juntamente com todos os atos eletrônicos praticados durante a operação, deverão ser registrados, gravados, armazenados e apresentados ao juiz competente, que imediatamente cientificará o Ministério Público.

§ 6º No curso do inquérito policial, o delegado de polícia poderá determinar aos seus agentes, e o Ministério Público e o juiz competente poderão requisitar, a qualquer tempo, relatório da atividade de infiltração.

§ 7º É nula a prova obtida sem a observância do disposto neste artigo.

Art. 10-B. As informações da operação de infiltração serão encaminhadas diretamente ao juiz responsável pela autorização da medida, que zelará por seu sigilo.

Parágrafo único. Antes da conclusão da operação, o acesso aos autos será reservado ao juiz, ao Ministério Público e ao delegado de polícia responsável pela operação, com o objetivo de garantir o sigilo das investigações.

Art. 10-C. Não comete crime o policial que oculta a sua identidade para, por meio da internet, colher indícios de autoria e materialidade dos crimes previstos no art. 1º desta Lei.

Parágrafo único. O agente policial infiltrado que deixar de observar a estrita finalidade da investigação responderá pelos excessos praticados.

Art. 10-D. Concluída a investigação, todos os atos eletrônicos praticados durante a operação deverão ser registrados, gravados, armazenados e encaminhados ao juiz e ao Ministério Público, juntamente com relatório circunstanciado.

Parágrafo único. Os atos eletrônicos registrados citados no caput deste artigo serão reunidos em autos apartados e apensados ao processo criminal juntamente com o inquérito policial, assegurando-se a preservação da identidade do agente policial infiltrado e a intimidade dos envolvidos.

É digno de nota, contudo, que tais dispositivos não revogaram as disposições do ECA sobre o tema, as quais continuam a ser aplicáveis aos delitos discriminados naquele diploma, com base no princípio da especialidade. Assim, a partir da vigência da Lei Anticrime, passou-se a ter duas regulamentações distintas para as infiltrações virtuais:

*a)* a primeira, para os delitos previstos nos arts. 240 , 241 , 241-A , 241-B , 241-C e 241-D do ECA e nos arts. 154-A , 217-A , 218 , 218-A e 218-B do Código Penal, os quais continuaram a ser regulados pelos artigos 190-A e seguintes do ECA.

*b)* a segunda, para os delitos previstos na Lei 12.850/13, bem como aos crimes a ele conexos, se praticados por organizações criminosas, os quais passaram a ser regulados pelos artigos 10-A e seguintes da Lei 12.850/13.

Ao longo deste trabalho, as diferenças entre estas distintas regulamentações serão explicitadas, sendo digno de nota, contudo, que a redação do art. 10-A foi expressa ao determinar que os requisitos da infiltração virtual são os do art. 10 da Lei 12.850/13.

As novidades da Lei Anticrime em relação ao instituto da infiltração de agentes não pararam por aí. A partir da vigência da Lei 13.964/19, a utilização da ação controlada e da infiltração de agentes passou a ser cabível também para apuração dos crimes de "lavagem" ou ocultação de bens, direitos e valores. Portanto, caberá infiltração de agentes mesmo na ausência da comprovação de envolvimento de organização criminosa no contexto da lavagem.

Com base em todo o exposto, atualmente, é cabível a infiltração de agentes nos seguintes casos:

*a)* crimes previstos na Lei 11.343/06 (art. 53);
*b)* delitos praticados por organizações criminosas (art. 1º, § 1º, da Lei 12.850/13);
*c)* "infrações penais previstas em tratado ou convenção internacional quando, iniciada a execução no País, o resultado tenha ou devesse ter ocorrido no estrangeiro, ou reciprocamente" (art. 1º, § 2º, I, da Lei 12.850/13);
*d)* organizações terroristas (art. 1º, § 2º, II, da Lei 12.850/13 c/c art. 13.260/16);
*e)* "tráfico de pessoas cometido no território nacional contra vítima brasileira ou estrangeira e no exterior contra vítima brasileira" (art. 9º da Lei 13.344/16).
*f)* investigação de crimes contra a dignidade sexual contra crianças e adolescentes na internet (Lei 13.441/17);
*g)* investigação virtual dos crimes previstos na Lei 12.850/13 e a eles conexos, praticados por organizações criminosa
*h)* crimes de "lavagem" ou ocultação de bens, direitos e valores.

A infiltração poderá ocorrer de forma presencial ou virtual, com base no ECA ou na Lei 12.850/13, dependendo da hipótese, como será aprofundado adiante.

## 1.7. Desafios utilização da infiltração de agentes no direito nacional: silêncio eloquente ou deficiência na redação da norma?

Apesar da existência de expressa previsão legal acerca da infiltração de agentes desde 2001, havia sérias críticas acerca das redações legais vigentes até o advento da Lei 12.850/13.

Afinal, a legislação vigente até aquela época, apesar de mencionar o âmbito de incidência da infiltração de agentes, bem como a necessidade de decisão judicial autorizando este meio investigatório, não adentrou nos requisitos e limitações de tal instituto. Permaneceram, pois, sem resposta, as seguintes perguntas:

*a)* O que seria um agente infiltrado?
*b)* Quais são os requisitos para o deferimento desta medida?
*c)* Quem possui legitimidade para requerer a infiltração?
*d)* Por quanto tempo poderá o agente ficar infiltrado?
*e)* Quais as atividades que pode desenvolver enquanto estiver infiltrado?
*f)* O agente infiltrado poderá ser responsabilizado penalmente pelos fatos típicos que eventualmente praticar?
*g)* O magistrado pode deferir a expedição de documentos ideologicamente falsos ao agente? Pode determinar a inclusão de antecedentes inverídicos, de sorte a tornar mais fácil a infiltração?
*h)* O agente deverá testemunhar em Juízo? A confissão colhida pelo agente infiltrado, sem que o acusado tenha sido advertido de seus direitos, é válida?
*i)* A identidade do agente pode ser preservada mesmo durante o julgamento, sem ofender o direito à legítima defesa?
*j)* O agente pode passar a fazer parte do programa de proteção às testemunhas?
*l)* É preciso uma ordem judicial para que um agente oculte a sua identidade no mundo virtual (por exemplo, sala de bate-papo)?
*m)* O magistrado deve autorizar a realização de gravações ambientais e o uso de escutas pelo agente?

*n)* É obrigatório o fornecimento de relatórios ao magistrado?
*o)* O magistrado pode exigir garantias da Administração no tocante ao aparato de segurança posto à disposição do agente, durante e após suas atividades?
*p)* O particular pode se infiltrar?

Com o advento da Lei 12.850/13, muitas lacunas foram parcialmente preenchidas no tocante às investigações realizadas sob sua égide, tais como as referentes à requisitos, tempo de duração, legitimidade ou mesmo no que se refere à possibilidade do agente se recusar à infiltração.

Entretanto, *questões como o próprio conceito de agente infiltrado, quais as atividades que este pode praticar, bem como a validade de confissão obtida diante do direito à não-incriminação, dentre outras, permanecem em aberto.*

*Logo, em que pese várias lacunas tenham sido sanadas, ao menos no tocante à Lei 12.850/13, remanesce grande espaço para o desenvolvimento da criatividade judicial, pois os principais desafios permanecem em aberto.*

Afigura-se necessário, portanto, saber: a) se o silêncio do legislador é constitucional e legítimo, diante da possibilidade de o magistrado suprir as lacunas da lei nos termos do art. 3º do Código de Processo Penal, bem como b) se a opção do Legislativo foi adequada.

Para tanto, tomar-se-á o auxílio da interdisciplinariedade para esclarecer qual a função do magistrado na criação do direito, bem como a legitimidade desta, para posteriormente voltar a tratar especificamente do instituto da infiltração de agentes.

É o que se passa a fazer no próximo capítulo.

# 2

# A Criatividade Judicial e a Superação do Paradigma Liberal do Juiz como Boca da Lei. A Ética Judicial e o Dever de Fundamentação

## 2.1. Análise histórica

Para entender a posição do magistrado no Estado Democrático de Direito contemporâneo e, sobretudo, sua atual função na criação do Direito, é preciso, antes, fazer uma breve digressão histórica na matéria para melhor situá-la.

Nesse sentido, leciona Juan Monroy Gálvez (2007, p. 529, tradução nossa) que "uma deficiente visão histórica" nutriu o mito de que o magistrado foi sempre um fiel executor da lei escrita. Ao contrário, até a "euforia racionalista do positivismo", ele foi sempre um efetivo criador do Direito, de sorte que se afigura equivocado sustentar que as atuais tendências contemporâneas, no sentido de estimular a atividade criativa do juiz, seriam um "excesso sem maior fundamento histórico".

Veja-se que, no Direito Hebreu, incumbia ao juiz adequar a lei do talião ao caso concreto, de modo a não permitir que o "olho por olho, dente por dente" afrontasse a justiça e a moral. Isto não significava um desprestígio à norma, que era sempre o norte do magistrado. Ao contrário, ao prolatar uma decisão justa com base na lei, o juiz justificava por que era tão estimado pela sociedade (Galvez, 2007, p. 536).

Posteriormente, no Direito Romano, o magistrado igualmente ostentou relevante papel na formação do Direito, sobretudo em face da diferenciação feita entre a Lei e o Direito, entre o legal e o justo.

Vê-se, pois, que os jurisconsultos, cientes do "lento processo de modificação" das leis, buscavam adentrar no espírito do legislador para torná-la um "instrumento útil" à sociedade, através da prolação de decisões justas, como bem salientado por Juan Monroy Galvez (2007, p. 539-540, tradução nossa).

Portanto, foi apenas por ocasião dos Estados Nacionais que os juízes passaram a atuar como meros aplicadores da lei sob o fundamento de que a liberdade só seria alcançada quando as funções estatais estivessem devidamente divididas entre os poderes Executivo, Legislativo e Judiciário (Galvez, 2007, p. 547-548).

Cabe salientar a relevância de um estudo mais detido do período iluminista, visto que as restrições criadas à atividade judicial naquela época, com fundamento na liberdade, geram consequências até os dias atuais (Gilissen, 1995, p. 518).

Logo, é preciso contextualizar devidamente o ambiente histórico que ocasionou o advento destas ideias, para verificar se elas mantêm sua atualidade diante do progresso social.

É o que se passa a desenvolver.

### 2.1.1. A Revolução Francesa e o magistrado

Como é cediço, o Barão de Montesquieu foi um dos precursores da separação dos poderes como forma de evitar o abuso dos governantes, o que restou imortalizado no Livro XI, Capítulo VI, do "Espírito das Leis".

Em relação ao Judiciário, deixou claro o ilustre pensador francês o seu intento de transformar o magistrado "na boca que pronuncia as palavras da lei" (Montesquieu, 2010, tradução nossa), como forma de evitar a exposição dos cidadãos ao arbítrio de ser julgado por alguém que estivesse, ao mesmo tempo, aplicando e criando o Direito.

O receio do iluminista era *contemporaneamente* fundado, pois a História registrou a tirania dos juízes da época, os quais exerciam, por delegação, o poder do rei sobre os homens (Hunt, 2009, p. 70-112), de forma frequentemente cruel.

Nesse sentido, frisa Lynn Hunt o ocorrido por ocasião do caso Calas, que deve ser considerado um verdadeiro divisor de águas na História por ter inspirado Voltaire a falar pela primeira vez em "direitos humanos" (2009, p. 70-112), ao opor-se veementemente ao resultado de um julgamento que culminou na sumária condenação à morte, pelo suplício da roda, do comerciante Jean pela morte de seu filho.

Jean Calas era um rico mercador de tecidos protestante, cujo filho, Marco Antônio, foi encontrado morto em sua residência na noite do dia

13.10.1761. A investigação concluiu que a inexistência de bens subtraídos indicava o envolvimento de um familiar, ainda que as evidências físicas não descartassem o suicídio. Os murmúrios de que Marco Antônio pretendia converter-se ao catolicismo e que, seu pai, diante disto, preferia vê-lo morto, foram mais fortes que a razão (Pedrosa, 2008, p. 247-248).

Prevalecia, portanto, o mero "sentir" do magistrado despótico, respaldado pela utilização da tortura judicial como forma de obter a confissão do condenado em seus últimos momentos, de sorte a legitimar as decisões e descobrir a existência de cúmplices.

Vale salientar que, na época, para que a "verdade" fosse relevada, não se hesitava em utilizar o suplício da roda, cuja crueldade restou devidamente ilustrada por Lynn Hunt (2009, p. 70-71) no trecho abaixo citado:

> Com os punhos atados bem apertados a uma barra atrás dele, Calas foi esticado por um sistema de manivelas e roldanas que puxava firmemente seus braços para cima, enquanto um peso de ferro mantinha os pés no lugar. Quando Calas se recusou a fornecer os nomes depois de duas aplicações, foi atado a um banco e jarros de água foram despejados à força pela sua garganta, enquanto a boca era mantida aberta por dois pauzinhos. Pressionado de novo a citar nomes, diz-se que ele respondeu: "Onde não há crime, não pode haver cúmplices".

A morte não se seguia imediatamente, nem se pretendia que assim fosse. O suplicio da Roda, reservado aos homens condenados por homicídio ou assalto na estrada, ocorria em dois estágios. Primeiro, o carrasco atava o condenado a uma cruz em forma de X e esmagava sistematicamente os ossos de seus antebraços, pernas, coxas e braços, desferindo em cada um deles dois golpes brutais. Por meio de um sarilho preso à corda ao redor do pescoço do condenado, um assistente embaixo do cadafalso então deslocava as vértebras do pescoço com puxões violentos na corda. Enquanto isso, o carrasco fustigava a cintura com três golpes fortes da vara de ferro. Depois o carrasco descia o corpo quebrado e o prendia, com os membros torturantemente inclinados para trás, a uma roda de carruagem em cima de um poste de três metros. Ali o condenado permanecia bastante tempo depois da morte, concluindo "um espetáculo muito terrível". Numa instrução secreta, o tribunal concedeu a Calas a graça de ser estrangulado depois de duas horas de tormento, antes que seu corpo fosse ligado à roda. Calas morreu ainda protestando inocência.

A inocência de Jean Calas restou finalmente reconhecida por uma decisão que anulou sua condenação, tendo o episódio servido de paradigma para que Voltaire se opusesse ao processo criminal da época, para que este deixasse "de ser uma arma dos opressores, para se transformar num método legal de apuração de crimes" (Pedrosa, 2008, p. 249-250).

Evidencia-se, portanto, que o arbítrio judicial realmente justificava a preocupação dos pensadores da época, os quais procuravam formas de neutralizá-lo. Uma delas seria o reconhecimento do absoluto império da lei como elemento de formação do Direito, tal como restou consagrado por Marques de Beccaria no célebre "Dos Delitos e das Penas".

Para o citado iluminista, ao juiz incumbiria apenas "fazer um silogismo perfeito", como demonstra o trecho abaixo transcrito (Beccaria, 2001):

> Qual será, pois, o legítimo intérprete das leis? O soberano, isto é, o depositário das vontades atuais de todos; e não o juiz, cujo dever consiste exclusivamente em examinar se tal homem praticou ou não um ato contrário a lei.
>
> O juiz deve fazer um silogismo perfeito. A maior deve ser a lei geral; a menor a ação conforme ou não à lei; a consequência, a liberdade ou a pena. Se o juiz for constrangido a fazer um raciocínio a mais, ou se o fizer por conta própria, tudo se torna incerto ou obscuro.
>
> Nada mais perigoso que o axioma comum, de que é preciso consultar o espírito da lei. Adotar tal axioma é romper todos os diques e abandonar as leis à torrente das opiniões.
>
> (...)
>
> Quando as leis forem fixas e literais, quando só confiarem ao magistrado a missão de examinar os atos dos cidadãos, para decidir se tais atos são conformes ou contrários à lei escrita; quando, enfim, a regra do justo e do injusto, que deve dirigir a todos em seus atos o ignorante e o homem instruído, não for um motivo de controvérsia, mas simples questão de fato, então não mais se verão os cidadãos submetidos ao jugo de uma multidão de pequenos tiranos, tanto mais insuportáveis quanto menor é a distância entre o opressor e o oprimido; tanto mais cruéis quanto maior resistência encontram, porque a crueldade dos tiranos é proporcional, não às suas forças, mas aos obstáculos que se lhes opõe; tanto mais funestos quanto ninguém pode livrar-se do seu jugo senão submetendo-se ao despotismo de um só.
>
> (...)
>
> Tais princípios desagradarão sem dúvida aos déspotas subalternos que se arrogaram o direito de esmagar seus inferiores com o peso da tirania que

sustentam. Tudo eu poderia recear, se esses pequenos tiranos se lembrassem um dia de ler o meu livro e entendê-lo; mas, os tiranos não lêem.

Reitere-se que a contundência do mencionado pensador era efetivamente justificada, pois inspirada no arbítrio que caracterizava os juízes da época como "pequenos tiranos". Frise-se, nesse sentido, que Beccaria teve importante influência de Voltaire e do Caso Calas (PEDROSA, 2008, p. 247-249).

É de se ressaltar, contudo, que não só na proteção das liberdades individuais fundou-se a limitação do Poder Judiciário.

Frise-se, nesse sentido, que o período antecedente ao Iluminismo foi caracterizado por uma "fadiga resultante do poder político excessivo da monarquia absoluta", já que o poder real cresceu tanto a ponto de se tornar "absoluto e supremo", mormente diante do afastamento dos monarcas da Igreja, único empecilho entre eles e o Poder Divino (BONAVIDES, 1998, p. 134-135).

Consequentemente, ainda que os reis tenham apoiado a burguesia por ocasião do advento do mercantilismo, aos poucos o monarca foi visto como uma ameaça pela própria classe ascendente, que preferia a "garantia impessoal da lei" à imprevisibilidade de um "príncipe em delírio de absolutismo" (BONAVIDES, 1998, p. 136).

A figura de um regente cujos caprichos precisassem ser sempre nutridos, mesmo em prejuízo da capacidade produtiva do Estado, não mais interessava, o que demonstra a existência de um forte interesse econômico na queda do Antigo Regime, ao lado das razões humanísticas sempre salientadas nos livros de História.

Ademais, como explica Plauto Faraco de Azevedo (2000, p. 113-117), as Cortes Francesas (*Parlements*), no momento anterior à Revolução Francesa, e diante do enfraquecimento do rei, passaram a demonstrar certa independência, chegando, por vezes, a limitar os poderes do monarca e até a analisar o mérito de atos administrativos, o que ameaçaria a liberdade de decidir que os revolucionários almejavam. Diante disso, apenas o Legislativo deveria ser forte e o Judiciário deveria ser calado.

Consequentemente, não foram apenas os sentimentos mais nobres, mas também motivações econômicas e políticas que silenciaram o Poder Judiciário, ainda que restasse inquestionável a arbitrariedade daquele poder na época.

É preciso salientar, entretanto, que a evolução histórica voltou a demonstrar que é possível o juiz participar da criação do Direito sem desbordar para o arbítrio.

Passa-se, pois, a analisar como se deu esta transformação.

### 2.1.2. A superação da mordaça judicial no contexto democrático

Para que se analise a evolução do Direito no período pós-iluminista, é imperativo que se aprecie o contexto histórico, político e social do momento, pois o Direito também é um fenômeno cultural.

Ao contrário do aventado pelos pensadores iluministas, o liberalismo e a excessiva proteção aos direitos individuais não ocasionaram a felicidade do ser humano. O capitalismo puro, em verdade, foi um catalisador das desigualdades sociais, o que deu espaço à restrição de algumas liberdades individuais em prol da igualdade econômica e social, característica típica da democracia social do Século XX (Gilissen, 1995, p. 413).

Com o passar do tempo, observou-se que a relativização das liberdades individuais não foi tão traumática quanto vislumbrado pelos iluministas, justamente por ter sido realizada dentro de um contexto democrático, sem qualquer retorno à realidade despótica de outrora, o que também abriu espaço para superação da máxima de que não haveria Direito senão na lei.

A par destes elementos históricos e econômicos, a Filosofia do Direito também passava por um momento de mudança, no qual cresceu sensivelmente a sua importância. Isto porque os pós-positivistas demonstraram que melhor que tentar insistir na inexistência de lacunas na lei, o mais coerente seria o reconhecimento de que o sistema é aberto e dinâmico, sendo composto de regras e princípios que garantem a inteireza do ordenamento (Soares, 2010, p. 59-60).

Tais princípios seriam "mandamentos de otimização" que refletem os valores presentes explícita e implicitamente no sistema jurídico, para que eles sejam concretizados "em uma medida, tão alta quanto possível, relativamente às possibilidades jurídicas e fáticas" (Alexy, 2010, p. 165), ou seja, ao lado das regras, que são aplicadas na base do "tudo-ou-nada" (Dworkin, 2010, p. 39), existem os princípios, que devem ser ponderados (Alexy, 2010, p. 165) pelo magistrado, de sorte que a decisão reflita os valores presentes no ordenamento.

Logo, seria da natureza da função jurisdicional buscar o espírito do ordenamento e com ele suprir as lacunas existentes na legislação, quando necessário.

Veja-se que o surgimento da principiologia foi fundamental para superar o medo do uso de um poder discricionário para suprir os vazios deixados pela legislação, tão presente na mente daquele que pensa o direito apenas como "um conjunto especial de regras" (Dworkin, 2010, p. 35). Era preciso vencer o receio de um deslocamento do poder do Legislativo para o Judiciário (Alexy, 2010, p. 170).

Vejamos, pois, os argumentos que levaram a esta superação.

Primeiramente, o fato é que o mito da "onipotência do legislador" (Bobbio, 2006, p. 73), um dos dogmas do positivismo, não mais se sustentava, o que por si só justificava uma mudança de paradigma. Ainda que os positivistas negassem a existência de lacunas, afigurava-se evidente que não seria possível ao Parlamento antever toda a riqueza que surgiria no cotidiano (a infiltração de agentes, inclusive, é prova viva disto).

Mas, como explicar que, na existência das inegáveis lacunas, o juiz não desenvolvesse uma atividade criativa, isto é, discricionária, usurpadora da função do legislativo?

O primeiro passo para isto é reconhecer que a existência de uma atividade criativa não é o mesmo que reconhecer arbitrariedade ou total liberdade (Cappelletti, 1999. p. 23-24). Isto porque a atividade jurisdicional é pautada pelo dever de fundamentação, devendo o magistrado demonstrar que fecundou a lei com base no "espírito do direito", extraindo novas premissas a partir dos textos existentes (Perelman, 2005, p. 659).

Em outras palavras, a resposta para o caso em concreto é tirada do próprio ordenamento, e não da livre convicção do magistrado, o que demonstra a relevância do reconhecimento do poder normativo dos princípios para a superação do positivismo.

Por sinal, o fato de a decisão judicial cingir-se apenas ao caso em concreto é mais um elemento a demonstrar que o Judiciário não está substituindo o Legislativo, pois a norma dirige-se às partes, apenas dentro daquele processo. E mais: a segurança jurídica, por fim, seria assegurada pelo fato de que a decisão poderá ser reexaminada por um Tribunal (Azevedo, 2000, p. 121). Da mesma forma, o Judiciário é distinguido do Legislativo pela *"passividade processual"*, pois é inerte (Cappelletti, 1999, p. 82).

Ademais, a presença dos princípios, além de facilitar o preenchimento das lacunas, serviu para sepultar a tese positivista do direito como fato, e não como valor (Bobbio, 2006, p. 131), a qual justificara grandes atrocidades como as que ocorreram na época da Alemanha nazista. A simples dicção da norma não pode afastar valores maiores como a dignidade da pessoa humana.

O reconhecimento de que o sistema jurídico possui valores e que estes devem ser obedecidos pelo Legislador foi uma das causas desta revalorização do Judiciário, que passou a ser visto nos Estados Democráticos de Direito como o guardião da Constituição e verdadeiro fiscal do Legislativo.

A onipotência do poder legiferante, por sinal, também acabou sendo, aos poucos, desmascarada pelo senso comum. Como bem ressalta Plauto Faraco de Azevedo (2000, p. 129), "não é possível pretender que o juiz se subordine de modo estrito à vontade do legislador miticamente idealizado", porquanto "o manejo dos regimentos internos dos órgãos legiferantes", por vezes, faz com que sejam promulgadas leis que nem sempre reflitam o desejo da maioria.

Percebe-se, pois, que todo este contexto explica uma mudança do entendimento de como deveria ser o juiz no momento pós-positivista.

Nesse sentido, Aury Lopes Júnior (2000, p. 280) foi feliz ao afirmar que não haveria mais espaço para o "juiz paleopositivista, boca da lei", pois o magistrado moderno é o responsável por "eleger os significados válidos da norma e das versões trazidas pelas partes, fazendo constantemente juízos de valor".

Esta legitimidade, portanto, é concedida ao magistrado pela Constituição, visto que a ele incumbe a "proteção dos direitos fundamentais de todos e de cada um". Logo, trata-se de uma função democrática, não por possuir vínculo com a ideia de representação da maioria, mas por garantir a "intangibilidade dos direitos fundamentais" (Lopes Júnior, 2010, p. 281-285).

Da mesma forma, Aury Lopes Júnior (2010, p. 286) salienta que a legitimidade da decisão funda-se também no fato de ela ter sido emanada dentro do devido processo legal, um dos princípios que oferece suporte constitucional à atividade judicial.

Deve ser salientado, de plano, que não se está a advogar em prol de um ordenamento lacunoso. Ao contrário, está-se apenas a admitir a existência de vazios legislativos e a possibilidade de o juiz preenchê-los, o que estaria dentro do contexto democrático.

Gize-se que, por vezes, diante da diversidade de formas que os fatos podem assumir no cotidiano, as lacunas do ordenamento acabam sendo inclusive voluntárias, de sorte a permitir que o magistrado, com seu "bom senso" (Jesus; Bechara, 2005), promova o seu preenchimento.

## 2.2. Análise filosófica

Como acima mencionado, as atrocidades cometidas na Segunda Guerra Mundial exigiram da Ciência do Direito que revisasse a sua assepsia, isto é, que reconhecesse que o Direito não se justifica por si só, mas na concretização dos valores democráticos. Para que isto ocorra, nada mais importante que assegurar a participação dos concernidos na escolhas políticas e garantir que suas escolhas ressoem na decisão judicial.

Neste sentido, poucos fizeram pela Filosofia e pela Ciência do Direito quanto Jurgen Habermas, o qual, apesar de ter participado da juventude nazista, teve sua obra fortemente influenciada por sua repulsa aos horrores hitleristas (Fynlaisson, 2011) e pela necessidade do surgimento de uma nova Alemanha, imune a novos erros.

Segundo Gordon Fynlaisson (2011), na figura pintada por Habermas, o bom funcionamento do sistema político depende dos *inputs*, sofridos pela sociedade civil, o que garante a racionalidade e a legitimidade das normas. Não é por acaso que, para Antônio Cavalcanti Maia (2008, fls. 8-16), uma das teses mais importantes de Habermas seja a da "função civilizatória do Direito", representada pela "absoluta centralidade dos textos constitucionais na vida contemporânea". Nesse momento, em que se adota uma postura constitucionalista, ao invés de legalista estrita, ganha destaque também o campo da argumentação jurídica e, por consequência, da filosofia do direito.

Recebe ênfase, da mesma forma, o trabalho do juiz, cuja responsabilidade: a) "exige uma mais cuidadosa motivação das decisões judiciais respaldada nos parâmetros argumentativos referenciados às teorias da argumentação", b) maior habilitação teórica e c) virtudes morais (Maia, 2008, fls. 27-28).

O trabalho filosófico habermasiano encontra-se fundado na teoria do agir comunicativo, a qual, em apertada síntese, visa fornecer elementos procedurais para que todos os concernidos participem dos debates relevantes para a sociedade, de sorte a proporcionar legitimidade às normas, sejam elas éticas ou jurídicas (Habermas, 1989, p. 126).

Tal teoria vem sendo alvo de críticas, visto que a "concordância de todos é *inatingível*", o que tornaria o procedimentalismo de Habermas inaplicável. Da mesma forma, tal entendimento implicaria a conclusão no sentido de que a jurisdição constitucional debilitaria a democracia representativa, corporificando o que se denominaria "gigantismo ou politização do Judiciário" (Cambi, 2009, p. 281-289).

Tem-se, contudo, que tal entendimento seria equivocado. Passa-se a explicar o porquê.

No prefácio de Direito e Democracia, entre Facticidade e Validade, Habermas (2003, Vol. I, p. 11 e 12) deixa claro que a aplicação de sua teoria do agir comunicativo não pretende implicar anarquismo, mas apenas garantir que, após os horrores vividos no século passado, sejamos dependentes de "uma razão procedimental, isto é, de uma razão que conduz o processo contra si mesma".

Isto é, Habermas pretende, *tanto quanto o possível*, sejam as decisões relevantes à comunidade tomadas por ela, após discutida deliberação. Não quer dizer, contudo, que não se reconheça o papel do Judiciário na criação do Direito, mormente no suprimento das lacunas dos casos em concreto.

Veja-se, neste sentido, que Habermas, em evidente superação do paradigma positivista, reconhece que o direito é composto por regras e princípios, o que dá ênfase ao trabalho do magistrado. Este, no entanto, na aplicação do direito e no suprimento das lacunas, deverá expressar os valores já consagrados democraticamente.

Nesse sentido, leciona Habermas que (2003, Vol. I, p. 268):

> A obrigação do juiz, de decidir o caso singular à luz de uma teoria que justifique o direito vigente como um todo a partir de princípios, é reflexo de uma obrigação precedente dos cidadãos, confirmada através do ato de fundação da constituição, de proteger a integridade de sua convivência, orientando-se por princípios de justiça e respeitando-se reciprocamente como membros de uma associação de livres e iguais.

Assim, segundo Habermas (2003, Vol. I, p. 276), em verdade, tanto o Legislador, quanto o Juiz, "apenas tomam de empréstimo ao ato de fundação da constituição e da prática dos cidadãos que participam do processo constitucional", o que contraria aqueles que, equivocadamente, afirmam que a Constituição, para o autor alemão, teria seu papel "restrito à proteção do processo de criação democrática do direito" (Cambi, 2009, p. 282).

Observe-se: o ideal seria que tantos casos concretos quanto possíveis sejam debatidos por todos os concernidos. Na impossibilidade, contudo, tanto o Legislador, quanto o Juiz, deverão fundamentar suas decisões naquilo que a coletividade já decidiu em casos análogos.

Assim, por exemplo, se na promulgação da Constituição deu-se ênfase à dignidade da pessoa humana, tem-se que este é efetivamente um fundamento moral de nossa sociedade. Portanto, nem o Congresso Nacional, nem o magistrado singular, ao normatizar casos em concreto, podem ignorar tal fato.

Habermas, apesar da complexidade de seu texto, é simples e preciso: nem o Legislador, nem o magistrado, partem do zero. *E isto, ao contrário do que pode parecer, não os enfraquece, mas os legitima.*

Em síntese, no plano filosófico, mesmo aqueles que defendem de forma mais radical a participação do povo no surgimento das normas jurídicas não ignoram que o protagonismo judicial, até certo ponto, é inevitável.

Em virtude disso, a teoria discursiva do direito apoia-se em uma forte racionalidade procedimental, ou seja, são corretos os juízos aceitáveis racionalmente, isto é, aqueles apoiados em argumentos e na coerência destes com o sistema jurídico (HABERMAS, 2003, Vol. I, p. 281-289).

Outro fator relevante do pensamento democrático habermasiano são os vínculos do direito com a moral, os quais se fundam justamente na necessidade de legitimidade. Afinal, segundo Habermas (2003, Vol. II, p. 216):

> A legalidade só pode produzir legitimidade, na medida em que a ordem jurídica reagir à necessidade de fundamentação resultante da positivação do direito, a saber, na medida em que forem institucionalizados processos de decisão jurídica *permeáveis* a discursos morais.

Isto porque a racionalidade do direito não habita nele mesmo, mas na sua relação com a política e a moral. Afinal, o direito não tem fim em si mesmo e só tem utilidade enquanto legítimo, isto é, oriundo do processo democrático.

Por isso, Maia (2008, p. 86-90) ressalta que a teoria habermasiana não reconhece direito e moral como esferas estanques, mas complementares, sendo que a rearticulação entre estes dois ramos "dá-se pela ética do discurso", através do modelo procedimental. Exemplo disto seria o reconhecimento dos direitos humanos, que entraram em nossa Constituição justamente pela força moral que lhes foi reconhecida no debate social.

Deve ser salientado aqui, por sinal, a diferenciação entre moral e ética, constante em Notas Programáticas para um Ética no Discurso (HABERMAS, 1989, p. 128-131), no qual resta destacado, em apertadíssima síntese, que a moral é abstrata e universal, ligada ao sentimento de justiça. A ética, por outro lado, é concreta e se liga ao bem-viver ou autorrealização de uma comunidade ou mesmo de uma determinada pessoa. A Ética do Discurso, por sua vez, seria a responsável por mediar a moralidade e a eticidade, pois apenas o discurso racional poderia internalizar a moral no agir de uma pessoa ou coletividade (ética).

Exemplificativamente, a proteção à vida é um valor universal e abstrato, o que pode ser visto no cotidiano de todas as sociedades pelo luto e revolta gerado, por exemplo, por um homicídio. Da mesma forma, a ocorrência de desastres naturais, muito constantes no cotidiano hodierno, consternam o mundo. Não se consegue ignorar a morte. A violenta, então, causa choque.

A partir do momento em que a sociedade se conscientizou, através da interação social e do diálogo racional, que este valor é imprescindível ao bem-viver, para uma vida pacífica e feliz em coletividade, tornou-se também um valor ético. Passou a ser condenável matar alguém, sob pena de não se conseguir viver em sociedade. Isto é, tirar a vida de alguém passou a ser concretamente condenável sob o ponto de vista ético, tornando-se, posteriormente, também um fato típico sob a ótica jurídica.

Portanto, ao se falar nos limites da infiltração, será dito que o agente não poderá, por exemplo, praticar tortura para obter provas, o que seria imoral, tendo em vista o sentimento universal e abstrato que condena a violência física desnecessária. Isto é, trata-se de uma questão moral.

Por outro lado, ao se falar do dever de fundamentar do juiz, estar-se-á falando em ética, porquanto trata-se de valor inerente à autorrealização de um grupo de pessoas, os magistrados, que devem motivar suas decisões para que elas sempre gozem de legitimidade.

Assim, ao longo deste trabalho, dar-se-á especial atenção à distinção entre os termos. É o que se verá no próximo tópico, que fala sobre a ética judicial.

## 2.3. Ética judicial e necessidade de fundamentação das decisões

A transição referida nos últimos dois tópicos levou a uma grande mudança no paradigma da função judicial. Afinal, com o consequente "aumento de suas funções discricionárias", provocou-se "um maior protagonismo político dos juízes" (Zaffaroni, 1995, p. 24), pois a eles incumbe mais que dizer o Direito, mas verdadeiramente ajudar a criá-lo.

Não é por acaso que Eugenio Raul Zaffaroni (1995, p. 55) acrescentou como função do Poder Judiciário, ao lado do autogoverno e da incumbência de pacificar conflitos, o controle de constitucionalidade, isto é, faz parte do jogo democrático que o Poder Judiciário limite os atos dos demais poderes que eventualmente extrapolem os parâmetros que lhes foram conferidos pelo ordenamento constitucional. Da mesma forma, incumbe aos magistrados dar efetividade aos direitos consagrados na Constituição.

Dalmo de Abreu Dallari (2007, p. 38-45), por sua vez, lembrou que ao magistrado incumbe também a defesa dos Direitos Humanos, reconhecidos não só nas Constituições, como em diversos tratados internacionais incorporados aos ordenamentos jurídicos internos. Ou seja, aos juízes incumbe garantir que o Estado respeite os mínimos direitos que são assegurados a todo ser humano, apenas pela sua simples existência, não devendo se restringir ao ordenamento interno para tanto.

Todavia, ao mesmo tempo em que à Magistratura é reconhecida tamanha relevância no contexto democrático, é preciso abordar suas prerrogativas e seus deveres éticos, os quais devem garantir a legitimidade de suas decisões, bem como a sua integridade para cumprir o encargo que lhe é atribuído pela Constituição.

Para tanto, abordar-se-ão as disposições do Código de Ética da Magistratura Nacional, promulgado pelo CNJ, o qual consolidou vários conceitos e valores trazidos de documentos internacionais, como os Princípios de Bangalore e o Código Ibero-Americano de Ética Judicial, que igualmente são altamente úteis à compreensão da matéria.

Os Princípios de Conduta Judicial de Bangalore são resultado de um trabalho realizado pelo Grupo Judicial para Fortalecimento da Integridade Judicial (Judicial Integrity Group), vinculado às Nações Unidas, o qual, reconhecendo a necessidade de assegurar a credibilidade e legitimidade do Judiciário, através do resguardo da conduta de seus integrante, editou uma espécie de "Declaração Universal da Ética Judicial" (UNDOC, 2008, p. 10).

Vários dos princípios adotados, como os da independência e imparcialidade, acabaram sendo reeditados em outros trabalhos, como o Código Ibero-Americano de Ética Judicial, idealizado para servir de modelo para os países latino-americanos e da península ibérica.

Como o documento anterior, este não possui força vinculante, servindo apenas de baliza para os países para que promulguem Códigos de Ética Judicial, bem como de inspiração para os juízes, para que cultivem os deveres éticos.

A necessidade de adesão por parte dos magistrados, ademais, ficou clara na Exposição de Motivos do Código Ibero-Americano, abaixo transcrita (citação):

> O Código de Ética Judicial proposto busca a adesão voluntária dos diversos juízes ibero-americanos atentos à consciência profissional que os tempos atuais exigem e, por isso, apresenta-se como fruto de um "diálogo racional", em que se atribuiu um considerável peso às razões oriundas dos códigos já existentes. Seria inadequado que o presente Código surgisse como um empreendimento desarraigado no tempo e no espaço ou como um mero ato de vontade da autoridade com competência para isso. Pelo contrário, seu poder e eficácia dependerão da prudente força racional que logre traduzir em sua articulação e de que, por conseguinte, seja capaz de mobilizar íntimas adesões em função dos bens e interesses comprometidos no trabalho judicial. O Código deve ser uma permanente e dinâmica interpelação à consciência dos seus destinatários para que, a partir do compromisso da excelência, consiga corporificar-se historicamente naqueles que aceitaram prestar um serviço requerido pela sociedade.

O modelo não-coativo foi importado pelo Conselho Nacional de Justiça que, seguindo suas atribuições (Constituição Federal, art. 103-B, § 4º), promulgou o Código de Ética da Magistratura Nacional, numa tentativa de exortar os juízes brasileiros a atentarem para os deveres éticos.

Trata-se de uma tentativa de inspirar, visando chamar a atenção dos juízes brasileiros acerca da relevância dos parâmetros éticos para a aplicação do direito e para a legitimidade do Judiciário, sem, contudo, impor punições (Nalini, 2010, p. 40-42), ainda que não haja óbices, para este intento, em aplicar a Lei Orgânica da Magistratura Nacional.

Da mesma forma, trata-se de uma tentativa de oferecer segurança ao magistrado, porquanto este, pautando-se de acordo com o sugestionado pelo Código, pode exercer sem receios o seu labor, tranquilo quanto ao cumprimento dos seus deveres éticos.

É o cumprimento de tais deveres, por sinal, que dará segurança ao papel do magistrado como construtor do Direito, pelo que se deve, aqui, aprofundá-los um pouco. Para fins didáticos, serão abordadas primeiramente as prerrogativas e deveres atinentes à independência e imparcialidade do magistrado, para, após, adentrar no seu dever de fundamentação.

Isto porque, primeiro, precisamos ter a garantia de um terceiro isento apto a apreciar as causas submetidas ao crivo do Judiciário, para depois ter a garantia de que a decisão baseou-se única e exclusivamente no melhor direito. Por fim, adentrar-se-á em outros deveres éticos dos juízes.

### 2.3.1. Da independência e da imparcialidade dos magistrados

A independência do magistrado é "um dos traços característicos do Estado de Direito", a ponto de se dizer que um juiz só será um juiz se for independente, isto é, se tiver a prerrogativa de decidir "livre de interferências condicionantes" (NALINI, 2010, p. 46).

Nesse sentido, salienta Zaffaroni (1995, p. 88) que a independência judicial é "a garantia de que o magistrado não estará submetido a pressões de poderes externos à própria magistratura, mas também implica a segurança de que o juiz não sofrerá as pressões dos órgãos colegiados da própria judicatura".

Em síntese, para o Código Ibero-Americano de Ética Judicial, "o juiz independente é aquele que estabelece, a partir do Direito vigente, a decisão justa, sem se deixar influenciar, de forma real ou aparente, por fatores alheios ao próprio Direito" (art. 2º).

Não se trata, por óbvio, de um privilégio dos magistrados, mas sim de garantir uma necessidade do povo, "que precisa de juízes imparciais para harmonização justa e pacífica dos conflitos" (DALLARI, 2007, p. 47). Em verdade, trata-se de verdadeira prerrogativa inerente ao sistema democrático, como salienta o Código Ibero-Americano de Ética Judicial:

> Art. 1º As instituições que, no âmbito do Estado constitucional, garantem a independência judicial não estão dirigidas a situar o juiz numa posição de privilégio. Sua finalidade é garantir aos cidadãos o direito de serem julgados com parâmetros jurídicos, como forma de evitar a arbitrariedade e de realizar os valores constitucionais e salvaguardar os direitos fundamentais.

Ainda assim, a aparente simplicidade do conceito esconde a ampla gama de planos em que este deverá ser implementado. Afinal, a independência pode ser externa (relações com outros poderes), interna (dentro do Judiciário) ou psicológica (do juiz consigo mesmo), como bem salienta José Renato Nalini (2010, p. 47-48).

Veja-se que esta constatação demonstra a complexidade da questão na prática. Afinal, se, por um lado, o Judiciário é financeiramente independente dos outros poderes, deve, por outro, com eles poder discutir o orçamento, sem que isso afete sua capacidade de posteriormente contrariar interesses.

Da mesma forma, os Juízes não podem se constituir em uma classe imune a controles. No entanto, o agir das Corregedorias e mesmo do CNJ deve ser tão cuidadoso a ponto de não afetar a liberdade de o magistrado decidir.

Por fim, o juiz deve manter-se sempre mentalmente independente, o que não é tarefa fácil, pois sua postura deve ser sempre voltada a jamais tentar criar pré-conceitos sobre qualquer ator social. E isto deve ser alcançado sem que ele se torne um ser "asséptico" (Zaffaroni, 1995, p. 25), isto é, despido da possibilidade de maiores contatos com os demais cidadãos.

Diga-se de passagem, que foi atentando para a independência judicial que a nossa Constituição Federal de 1988 consagrou um "quadro mínimo protetivo" (Nalini, 2010, p. 46) ao assegurar que os magistrados gozam das prerrogativas da vitaliciedade, inamovibilidade e irredutibilidade de vencimentos (art. 95).

Ainda que sejam conceitos próximos, a independência não se identifica com a imparcialidade, a qual pode ser traduzida na necessidade de o magistrado se situar como um terceiro "supra" ou "inter" partes (Zaffaroni, 1995, p. 91), equidistante destas (Nalini, 2010, p. 66).

Novamente, apesar da simplicidade do conceito, navega-se por águas muito tormentosas, pois imparcialidade "não significa distanciamento das partes", até porque o ato de julgar exige a imediação e a empatia, as quais não afetam a equidistância quando praticadas de forma isonômica, dentro do devido processo legal e do contraditório (Nalini, 2010, p. 67-69).

Cumpre enfatizar que a equidade de tratamento, de acordo com o Código Ibero-Americano de Ética Judicial, é um direito das partes (art. 9º). Assim, o juiz imparcial é aquele que busca, com objetividade, nas provas, a verdade sobre os fatos, mantendo, ao longo de todo o processo, uma distância equivalente com as partes e com os seus advogados, evitando "comportamento que possa configurar favoritismo, predisposição ou preconceito", segundo o art. 10º do referido diploma.

Constata-se, portanto, que a independência e a imparcialidade são requisitos da legitimidade judicial para resolver conflitos. Não surpreende, pois, que tais atributos sejam os primeiros a serem tratados por nosso Código de Ética da Magistratura Nacional, reforçando sua relevância para a jurisdição.

INDEPENDÊNCIA

Art. 4º Exige-se do magistrado que seja eticamente independente e que não interfira, de qualquer modo, na atuação jurisdicional de outro colega, exceto em respeito às normas legais.

Art. 5º Impõe-se ao magistrado pautar-se no desempenho de suas atividades sem receber indevidas influências externas e estranhas à justa convicção que deve formar para a solução dos casos que lhe sejam submetidos.

Art. 6º É dever do magistrado denunciar qualquer interferência que vise a limitar sua independência.

Art. 7º A independência judicial implica que ao magistrado é vedado participar de atividade político-partidária.

CAPÍTULO III
IMPARCIALIDADE

Art. 8º O magistrado imparcial é aquele que busca nas provas a verdade dos fatos, com objetividade e fundamento, mantendo ao longo de todo o processo uma distância equivalente das partes, e evita todo o tipo de comportamento que possa refletir favoritismo, predisposição ou preconceito.

Art. 9º Ao magistrado, no desempenho de sua atividade, cumpre dispensar às partes igualdade de tratamento, vedada qualquer espécie de injustificada discriminação.

Parágrafo único. Não se considera tratamento discriminatório injustificado:

I – a audiência concedida a apenas uma das partes ou seu advogado, contanto que se assegure igual direito à parte contrária, caso seja solicitado;

II – o tratamento diferenciado resultante de lei.

No tocante à imparcialidade, o Código de Ética foi feliz tanto na conceituação, quanto na abordagem concreta de vários desafios cotidianos da Administração da Justiça, como a recepção das partes ou advogados e os tratamentos diferenciados concedidos por lei a algumas partes. Da mesma forma, deu-se adequada ênfase ao dever de fundamentação.

No que diz respeito à independência, porém, as disposições do Código foram bastante genéricas, tendo-se abordado apenas a independência externa e a vedação das atividades político-partidárias. Não se tratou de nenhum dos desafios concretos dos juízes no seu dia a dia, como as relações com o Ministério Público e a Polícia, ou mesmo com a politização do magistrado.

A existência de tais vácuos, todavia, não significa que o magistrado não deva tomar as cautelas necessárias para preservar a sua independência nestes casos.

Desse modo, por exemplo, o magistrado encarregado de julgar a Administração, aqui incluindo-se a esfera criminal, deve se mostrar, por óbvio, independente desta. Entretanto, deve conviver com os órgãos responsáveis pela persecução penal de forma saudável, sem que isto aparente qualquer relação de favoritismo aos olhos de um "observador razoável" (art. 14 do Código Ibero-Americano de Ética Judicial).

Portanto, apesar de, por vezes, os juízes terem no membro do Ministério Público ou no Delegado boas amizades, tais relações devem ser deixadas do lado de fora do Fórum, para que as funções não se confundam (Beneti, 2003, p. 25), tal como quando se trata de advogado com o qual o magistrado mantém relações na sua vida privada.

O juiz, consequentemente, ao agir, deve ter com estes o mesmo tratamento dispensado às demais partes e advogados. Assim, a convivência profissional inclui recebê-los em seu Gabinete, sempre que houver pertinência. Afinal, o Estado é uma parte como qualquer outra no processo judicial. Isto, de forma alguma, ameaçará sua independência, pois não se exige um juiz "asséptico" (Zaffaroni, 1995, p. 25), mas sim um magistrado que saiba dar oportunidades iguais a ambas as partes.

Não há dúvidas que o "observador razoável" compreenderá que a cortesia oferecida pelo Juiz ao Ministério Público e à Polícia será igualmente concedida à Defesa, ou seja, não há tratamento anti-isonômico a gerar fundada suspeita de perda de independência.

Portanto, nada mais natural que receber um Delegado de Polícia Federal que pretenda explicar pessoalmente a necessidade de uma medida de urgência, como ocorre, por exemplo, com a infiltração de agentes. Frise-se que a independência e a imparcialidade do magistrado, neste caso, estarão ratificadas pela fundamentação da decisão, a qual será objetiva, com base nos fundamentos fáticos e jurídicos do caso em concreto.

Por certo, da independência decorre o dever de bem escolher as palavras, como se constata nas palavras de Fátima Mata-Mouros (2001, p. 106), ao afirmar que o juiz não luta contra nada, "a não ser contra a injustiça". Assim, as expressões luta ou combate ao crime organizado, mesmo que não redundem em perda de independência, devem ser evitadas, mormente porque largamente utilizadas pelo Ministério Público e Polícia.

Veja-se, aqui, como todo o cuidado é pouco quanto o tema é separar bem as funções, como acima sustentado por Sidnei Agostinho Beneti (2003, p. 25).

Por reputar que implicaria em excesso de linguagem, por sinal, o Conselho Nacional de Justiça recomendou aos juízes que evitassem o uso "das denominações de efeitos dadas às operações policiais em atos judiciais" (Recomendação nº 18).

Assim, ainda que, a exemplo do citado acima, a referência a uma operação pelo nome não retire a independência do juiz, principalmente porque, na maioria das vezes, a referência visa apenas a facilitar a menção ao fato, entende-se que as denominações de efeito devem ser evitadas, a fim de obstar que questões absolutamente periféricas eventualmente prejudiquem a legitimidade da jurisdição e levem a uma indevida imagem de vinculação entre Polícia, Ministério Público e Judiciário.

Por fim, no dia a dia forense, frequentemente ouvem-se discussões sobre até que ponto as decisões judiciais podem traduzir posições políticas do magistrado. Todavia, como já se afirmou reiteradas vezes ao longo deste trabalho, a imparcialidade não se traduz na necessidade de um juiz "asséptico" (ZAFFARONI, 1995, p. 25), distanciado das realidades sociais como forma de não se aproximar dos atores do processo.

Acrescente-se a isso que, como defensor da Constituição e dos Direitos Humanos, o juiz, ao adentrar, por exemplo, nos efeitos danosos do crime organizado, não estará adentrando numa seara proibida, visto que é inegável que o magistrado exerce uma função política, embora se deva separar politização de partidarização (ZAFFARONI, 1995, p. 94-99).

Ressalte-se que se afigura altamente equivocado tentar criar uma áurea de neutralidade do magistrado, porquanto esta imprescindiria de um ser sem história e sem opiniões, o que seria praticamente desumano. E o juiz que se deseja é bem o contrário: um ser altamente humano.

Nesse sentido, lapidar é a lição de Eugenio Raúl Zaffaroni (1995, p. 91):

> É de se lamentar que, assim como o conceito de independência se confundiu com discursos contraditórios e com frases feitas, derivando de fontes duvidosas e diferentes de seu requisito essencial relativo ao pressuposto iniludível da imparcialidade, o mesmo conceito de imparcialidade foi pouco esclarecido.
>
> No meio da tremenda pugna de poder, que sempre ocorreu em torno do judiciário, caiu-se em uma caricatura da imparcialidade, identificando-a como uma imagem altamente empobrecida do juiz, estereotipada e cinza, concebendo-o sem ideias próprias e desvinculado dos problemas da comunidade e da própria sociedade. Esta imagem de um juiz marginalizado da sociedade, que algumas vezes chamamos de "juiz asséptico", é satirizada por um autor

que diz que "quando se dispõe a julgar, deve atuar como eunuco político, econômico e social, e desinteressar-se pelo mundo fora do tribunal".

Ao compreender a ausência de virtude nesta imagem "empobrecida do juiz", em nada perde a sociedade, "pois não existe a neutralidade ideológica, salvo na forma de apatia, irracionalismo ou decadência de pensamento, que não são virtudes dignas de ninguém e menos ainda de um juiz" (Zaffaroni, 1995, p. 92).

Ao se entender as razões pelas quais o ordenamento nacional prima pela independência e legitimidade dos juízes, compreende-se porque eles são dignos dos deveres de dizer e, por vezes, de criar o direito.

### 2.3.2. Fundamentação das decisões judiciais

Vale frisar que o reconhecimento da legitimidade jurisdicional no sentido de criar o direito, ainda que no caso em concreto, impõe ao magistrado o dever de fundamentar suas decisões, já que o atual contexto democrático não é cenário para a criação de novos "senhores do direito", como mencionou Paulo Mário Canabarro Trois Neto (2010, p. 5).

Veja-se que o receio de uma "ditadura da magistratura" torna-se algo absolutamente sem fundamento quando se percebe que o poder dos magistrados não decorre da toga que eventualmente vestem, mas sim do exercício da incumbência de dizer o direito *com base nos valores constantes no nosso ordenamento jurídico*, e não no seu arbítrio, o que tem repercussões do ponto de vista ético.

Não se pode exigir respeito da sociedade; deve-se merecê-lo, o que se conquista com base em um trabalho sério e em decisões bem fundamentadas, em que a função do juiz se assemelha mais ao "fiel da balança" que a um "ditador". A fundamentação precisa e detalhada, que não se confunde com a excessivamente extensa, não decorre de preciosismo, mas do dever ético do magistrado em comprovar a origem legal de sua decisão.

Nesse sentido, são relevantes as lições de Trois Neto (p. 5-7), abaixo transcritas:

> O inevitável reconhecimento de um espaço à criatividade judicial não significa, contudo, que os juízes sejam os novos "senhores do direito"; eles são, mais exatamente, os garantes da complexidade estrutural do direito no Estado Constitucional, é dizer, os garantes da necessária e dúctil coexistência entre lei, direitos e justiça. O direito passa a ser visto como um processo

> de concreção ou determinação crescente do qual participam vários atores. Nessa mudança de paradigma do operar judicial está contida uma nova ética da função judicial: o juiz do poder dá passo a um juiz dos direitos.
>
> Como a legitimidade daqueles que operam a relevante função de dizer o direito em casos concretos não é de origem, mas de exercício, põe-se a necessidade do estabelecimento de certas exigências relativas ao modo como essa função deve ser desempenhada. O juiz do modelo constitucional não pode ser nem um oráculo, nem uma pitonisa, senão um operador racional, que motiva suas decisões com base em argumentos dotados de validez intersubjetiva. Se motivar, conforme doutrina de Letizia Gianformaggio, significa *justificar* ou, mais precisamente, justificar-se, dar razões à aceitabilidade do próprio trabalho, a exigência de motivação pressupõe a admissão, em linha de princípio, da legitimidade das críticas potenciais e da submissão do poder a uma forma de controle. Uma certa margem de apreciação judicial, tanto na interpretação do direito como na fixação formal dos fatos, conecta-se, assim, à exigência de que essa relativa liberdade seja usada com racionalidade. E apenas com a transparência da justificação da decisão judicial essa conciliação entre razão e liberdade pode ser obtida.
>
> Uma vez admitido que "onde há razão e liberdade humana, cabe o juízo ético", o dever de motivar assume inegável importância na ética judicial. A aceitabilidade do exercício ao mesmo tempo livre e racional da atividade do juiz depende da qualidade das razões apresentadas em favor da solução que, dentre outras possíveis, foi a escolhida para resolver o caso levado ao Judiciário. Que a obrigatoriedade da motivação judicial esteja positivada na maioria dos ordenamentos jurídicos nacionais, em alguns casos até mesmo no plano constitucional, não fala contra a relevância da perspectiva ética: o direito e suas exigências, como se sabe, resultam insuficientes para o fim de alcançar o melhor juiz possível para a sociedade em que este historicamente presta seu serviço. A projeção ética do dever de motivação surge, então, em complemento ao aspecto estritamente jurídico, como um meio de obter a excelência da justificação judicial, afastando a resignação com a motivação mínima ou medíocre.

Observe-se que tal percepção encontra-se plenamente de acordo com os *standards* ora vigentes, porquanto o dever de motivar encontra-se presente na Constituição Federal (art. 93, IX) e em vários dispositivos do nosso Código de Ética da Magistratura Nacional. Cita-se, neste sentido, o art. 24, que trata da prudência, recomendando que as decisões judiciais sejam "resultado de juízo justificado racionalmente", após a devida meditação e valoração dos argumentos e contra-argumentos.

O Código Ibero-Americano de Ética Judicial, por sua vez, foi um pouco mais feliz ao incluir um capítulo tratando apenas do dever de fundamentar, o que denota a importância, aos olhos da Cúpula Judicial Ibero-Americana, desta incumbência, sob o ponto de vista ético.

Neste sentido, é preciso dar destaque especial ao art. 18 do referido código, abaixo transcrito:

> Art. 18 A obrigação de motivar as decisões tem por objetivo assegurar a legitimidade do juiz, o bom funcionamento de um sistema de impugnações processuais, o adequado controle do poder do qual os juízes são titulares e, finalmente, a justiça das decisões judiciais.

Este dispositivo traz os fundamentos pelos quais a motivação assume importância não só jurídica, como também ética, no cenário atual. Esta fundamentação tem, ao olhos da Cúpula, quatro funções, quais sejam, assegurar: a) a legitimidade do magistrado, b) o bom funcionamento do sistema de impugnações processuais, c) o controle do poder judicial, bem como d) a justiça das decisões.

No tocante à legitimidade do juiz, a importância do dever de fundamentação é bem simples: distinguir o democrático do arbitrário. Por isto, o Código Modelo explica que motivar "implica exprimir, de maneira ordenada e clara, as razões juridicamente válidas e aptas para justificar a decisão" (art. 19), pelo que "uma decisão carente de motivação é, em princípio, uma decisão arbitrária, apenas tolerável na medida em que uma expressa disposição jurídica justificada a permita" (art. 20).

Sobre a relevância da fundamentação como condição de legitimidade da decisão judicial, leciona Habermas (2003, Vol. I, p. 246):

> Para preencher a função socialmente integradora da ordem jurídica e da pretensão de legitimidade do direito, os juízos emitidos têm que satisfazer simultâneamente às condições de aceitabilidade racional e da decisão consistente.
>
> (...)
>
> Na positividade do direito refletem-se também as contingências desse contexto de surgimento. De outro lado, a pretensão à legitimidade da ordem

jurídica implica decisões, as quais não podem limitar-se a concordar com o tratamento de casos semelhantes do passado e com o sistema jurídico vigente, pois devem ser fundamentadas racionalmente, a fim de que possam ser aceitas como decisões racionais pelos membros do direito.

Para Habermas (2003, Vol. I, p. 287-289), "a correção das decisões judiciais mede-se pelo preenchimento de condições comunicativas de argumentação, que tornam possível uma formação imparcial do juízo" e pela coerência desta em relação ao sistema jurídico.

Da mesma forma, afigura-se que a adequada fundamentação permite à parte eventualmente prejudicada que recorra da decisão, como exige o princípio do devido processo legal, no seu caráter substancial.

Abre-se, igualmente, caminho para que se proceda ao controle do discurso judicial, não só pelos órgãos pertinentes, mas pelo próprio juiz, como bem salienta Trois Neto (2010, p. 9):

> Vale lembrar que o controle do discurso do juiz, no marco da racionalidade legal, não é apenas um controle de procedência externa, senão que também se projeta em face do próprio juiz, comprometendo-o a não aceitar acriticamente as "perigosas sugestões da certeza subjetiva" Se não é possível negar que fatores emotivos e ideológicos possam ter alguma influência na solução do caso, é possível defender que a *consciência* do dever de justificação favorece a que o juiz, na expectativa de uma aceitação intersubjetiva de sua atividade, condicione a formulação da própria decisão, submetendo esta a controles racionais e jurídicos. A controlabilidade do discurso por meio da exigência de argumentos práticos e jurídicos adequados contribui, assim, para que a afirmação sobre os enunciados fáticos ocorra apenas com base em razões *confessáveis* e, portanto, aptas a serem tidas como corretas.

Por fim, não é de surpreender que uma decisão fundamentada, com base na reflexão prudente de todos os argumentos elencados por todos os envolvidos, tenha como consequência a justiça.

Frise-se que, como prevê o art. 21 do Código Modelo, "o dever de motivar adquire uma intensidade máxima em relação às decisões privativas ou restritivas de direitos ou quando o Juiz exerça um poder discricionário".

Desta disposição, exsurgem duas orientações éticas que deverão ser consideradas em decisões restritivas de direitos fundamentais, como as tratadas no presente trabalho. A primeira é o dever de intensidade máxima, isto é, quanto mais relativizadora de direitos fundamentais for a decisão, mais exaustiva deve ser a fundamentação. O mesmo deve ocorrer – segunda orientação – naqueles casos em que o juiz possui certa discricionariedade de decidir, em que a fundamentação terá o condão de reduzir esta a "limites aceitáveis" (Trois Neto, 2010, p. 11). Nestas esferas de discricionariedade, por sinal, "o Juiz deverá orientar-se por considerações de justiça e de equidade", como salienta o art. 38 do Código Ibero-Americano.

### 2.3.3. Dos demais deveres éticos

Segundo Trois Neto (2010, p. 33), "o dever de motivação está diretamente conectado com outros deveres éticos. O ponto de encontro das exigências de motivação e das outras exigências éticas está na pretensão de correção do direito".

É importante salientar, primeiramente e nesse sentido, os deveres de transparência e de prudência, presentes nos Capítulos IV e VIII do Código de Ética da Magistratura Nacional.

O dever de transparência é inerente ao ambiente democrático e busca evitar os preconceitos oriundos do ocultismo, isto é, dentro do possível, todos devem saber como o Judiciário funciona e de que forma e com base em que o magistrado decide, ressalvando-se, por óbvio, os casos de sigilo judicial.

Magistrado prudente, segundo o art. 24, "é o que busca adotar comportamentos e decisões que sejam resultado de juízo justificado racionalmente, após haver meditado e valorado os argumentos e contra-argumentos disponíveis, à luz do Direito aplicável".

A prudência é a melhor amiga do magistrado, pois não se pode decidir sem refletir. Apesar de a língua portuguesa aceitar que o adjetivo imprudente seja colocado ao lado do substantivo juiz, trata-se de algo que o bom senso não contempla.

Afigura-se óbvio que, como ser humano que é, o magistrado seja, eventualmente, imprudente. Neste caso, contudo, é o seu agir e sua ética que o salvarão. Afinal, agindo com independência e imparcialidade, de forma fundamentada, permitirá que seus colegas, por meio da reforma de sua decisão, o auxiliem a retornar ao melhor caminho.

Da mesma forma, o Código de Ética dispõe dos cuidados que o magistrado deve ter na sua vida particular, haja vista a ciência de que seu comportamento contribui para a credibilidade de todo o Judiciário (arts. 15 a

19). Assim, quando em público, mesmo que não esteja na função de juiz, não se pode esquecer de que a representa.

Por fim, exsurge o dever de aprimoramento, consagrado no art. 93, IV, da Constituição Federal e no Capítulo X do Código de Ética da Magistratura Nacional, sob o título Conhecimento e Capacitação. Trata-se de obrigação ética decorrente da própria lógica. Não se pode incumbir uma pessoa de tarefa tão relevante como a jurisdição, sem exigir-lhe que permaneça sempre se aprimorando, não apenas na ciência do direito, como nas correlatas.

Nesse sentido, relevante o magistério de Trois Neto (2010, p. 38):

> O reconhecimento da necessária abertura do direito a influências da ética, da economia, da política, da sociologia e de vários outros campos do conhecimento exige uma contínua formação interdisciplinar do juiz. Se o conhecimento judicial há de ser rigoroso, o juiz deverá fazer próprios os critérios que são tidos como válidos em outros âmbitos do conhecimento. Daí a exigência de que o dever de formação continuada do juiz se estenda "tanto às matérias especificamente jurídicas quanto ao que se refere aos conhecimentos e técnicas que possam favorecer o melhor cumprimento das funções judiciais" (Código Modelo, art. 30). Quanto melhor o preparo intelectual do juiz, nas mais diversas áreas do conhecimento, tanto melhor será, *ceteris paribus*, a justificação das suas decisões.

Foram estas prerrogativas éticas, ao lado das razões históricas e políticas antes elencadas, que culminaram na opção do Legislador em expressamente dispor que o juiz deve suprir as lacunas da lei, ainda que sob certas balizas.

## 2.4. A Integração da Lei Processual Penal

Tendo-se constatado a inevitabilidade da existência de lacunas da lei, bem como a incumbência do magistrado em preenchê-las, passa-se a analisar como se dá esta integração no processo penal brasileiro.

Segundo o art. 3º do Código de Processo Penal (CPP), "a lei processual penal admitirá interpretação extensiva e aplicação analógica, bem como o suplemento dos princípios gerais de direito". Logo, a própria lei admite a possibilidade da existência de lacunas, ainda que assuma que o magistrado deve, tanto quanto possível, basear-se em outra lei para supri-las.

Se, por um lado, a própria ordem jurídica legitima a criatividade judicial, por outro, também a limita, ao dispor que primeira saída será sempre a analogia, para, apenas na impossibilidade de se suprir a lacuna através deste meio, passar-se ao uso dos princípios gerais de direito.

Ainda que se admita que o texto legal não é a única fonte de Direito, não deixou este de ser a preferencial, pela segurança de refletir o interesse da maioria, por mais controverso que isto seja. Ao reconhecer que a lei não é a única fonte de Direito, embora deva ser a primordial, encontrou-se o equilíbrio buscado pelos juristas contemporâneos e que agora se consolida: nem tão ingênuo a ponto de imaginar que o Legislador consegue antever toda a riqueza do cotidiano, mas nem tão ousado a ponto de permitir ampla normatização por parte do julgador.

Relembre-se que o juiz, ao suprir lacuna, não "se torna legislador suplente, pois o dispositivo, assim estabelecido, não se constitui em norma jurídica", uma vez que possui aplicação restrita ao caso em concreto (Espínola Filho, 2000, p. 268).

Por fim, aplica-se também ao direito processual penal o disposto no art. 4º da Lei de Introdução às normas do Direito Brasileiro, antiga Lei de Introdução ao Código Civil, porquanto se trata de norma de superdireito (Marques, 2009, p. 25), a qual orienta a aplicação da lei para o ordenamento como um todo. A mudança de terminologia acima, promovida pela Lei 12.376/10, corrobora tal conclusão. Logo, o costume também se afigura como uma forma de integração da lei processual penal, caso o art. 3º do CPP se revele insuficiente.

Passa-se, pois, à análise de cada um dos meios de preencher as lacunas no direito processual penal.

### 2.4.1. Analogia

Segundo Edilson Mougenot Bonfim (2010, p. 114), a analogia é um "processo de integração da norma jurídica escrita por meio da qual, diante do silêncio da lei sobre determinada situação, se utiliza de outro preceito legal que rege situação semelhante".

Assim, de plano, é preciso salientar que a analogia não é uma forma de interpretação da lei penal, mas sim, de integração, isto é, de preenchimento das lacunas que existem na norma processual penal; afinal, a ordem jurídica positiva nunca, "por mais previdente e mais diligente que seja o poder encarregado da emanação das leis, deixará de apresentar-se lacunosa" (Espínola Filho, 2000, p. 267).

Através da analogia, utiliza-se de outra lei para preencher vazios legislativos. José Frederico Marques (2009, p. 28) foi extremamente feliz ao mencionar que a analogia é uma forma de autointegração. Como salienta Eduardo Espínola Filho (2000, p. 271), na analogia, nenhuma criação de direito faz o magistrado, que se utiliza de outra norma existente.

Podem ser utilizadas normas do próprio estatuto, ou mesmo de outro diploma legal (MOSSIN, 2005, p. 13), o que frequentemente ocorre com a utilização do Código de Processo Civil (CPC) para suprir lacuna do ordenamento processual penal.

Para que se aplique a analogia, é imprescindível que os casos sejam semelhantes, isto é, se houver diferenças, sejam elas acidentais, secundárias ou de menor importância (BONFIM, 2010, p. 114), de sorte que "onde existe a mesma razão de decidir, é de aplicar o mesmo dispositivo de lei – *ubi eadem legis ratio, idi eadem legis dispositio*" (ESPÍNOLA FILHO, 2000, p. 269).

Fernando da Costa Tourinho Filho (2010, p. 213) elenca alguns exemplos de aplicação da analogia no campo do direito processual penal, dos quais cita-se a hipótese de declaração de suspeição por motivo de foro íntimo, prevista no Código de Processo Civil (art. 145, § 1º), mas não no nosso Código de Processo Penal.

Trata-se, portanto, de caso típico de aplicação da lei processual civil ao campo do processo penal. Afinal, "não há motivo algum que impeça o Juiz penal de invocar motivo de foro íntimo para se abster de funcionar no processo. Se pode fazê-lo no cível, por que razão charadística não poderia fazê-lo no crime" (TOURINHO FILHO, 2010, p. 213)?

Frise-se que, segundo Guilherme de Souza Nucci (2005, p. 69), não há problemas em usar a analogia em detrimento ao réu em matéria de processo penal, "pois não se trata de norma incriminadora, protegida pelo princípio da reserva legal" (art. 5º, XXXIX, CF).

Relevante salientar, igualmente, a diferenciação entre analogia e interpretação analógica. No primeiro caso, temos meio de integração à lei penal, ao passo que, no segundo, temos método interpretativo (BONFIM, 2010, p. 115). Ademais, a diferença pode ser sentida na vontade da lei, pois, na interpretação analógica, a própria norma prevê a possibilidade de ser aplicada a casos análogos, ao contrário da primeira, em que há lacuna (JESUS, 2009, p. 4).

Por fim, há que ser salientada a plena adequação ao regime democrático da atividade integrativa do magistrado, visto que o uso da analogia só terá lugar na hipótese de silêncio da lei (MIRABETE, 2001, p. 83).

Gize-se, contudo, que o silêncio do Legislador é frequentemente intencional, porque, por vezes, a lei é "produto da inelutável necessidade de transigir com pequeninas exigências, a fim de conseguir a passagem da ideia principal" (Tourinho Filho, 2010, p. 206).

Logo, no afã de introduzir no ordenamento um novo instituto, o Legislador opta por confiar ao Poder Judiciário a função de integrar a lei para viabilizar a sua aplicação no caso em concreto, o que também está plenamente de acordo com o sistema democrático.

### 2.4.2. Princípios gerais de direito

Não podendo a lacuna ser suprida pela analogia, deve o magistrado preencher o vazio legislativo através dos princípios gerais de direito.

Tais princípios, na lição de Ricardo Maurício Freire Soares (2010, p. 99), são:

> (...) diretrizes éticas implícitas ou expressas na legislação, que apontam para a realização dos valores e finalidades maiores da ordem jurídica, potencializando a tomada de decisões mais justas, mormente nas hipóteses de lacunas valorativas, como sucede com a aplicação dos princípios da insignificância no Direito Penal e da proibição do enriquecimento sem causa no Direito Civil.

Por outro lado, para Fernando da Costa Tourinho Filho (2010, p. 214), o entendimento majoritário se inclina por identificar os princípios gerais de direito como os aforismas, os brocardos jurídicos, ainda que seja inquestionável a existência de divergência na doutrina sobre no que se constituiriam os princípios gerais de direito.

A distinção entre os entendimentos acima, contudo, é apenas aparente. Isto porque os brocardos jurídicos, frequentemente sintetizados em expressões latinas, nada mais refletem do que os valores do ordenamento. Logo, os conceitos convergem para concluir que os princípios gerais de direito são reflexos dos valores jurídicos que subjazem à lei e inspiram a sua criação, estejam eles na forma de brocardos ou não.

Portanto, na existência de vazios legislativos, e na impossibilidade de se utilizar a analogia, incumbe ao magistrado analisar o ordenamento como um todo para, de forma fundamentada, suprir a lacuna para regular o caso em concreto com um regra extraída dos valores contidos na próprio sistema jurídico.

Trata-se de inegável atividade criativa, a qual, contudo, jamais poderá ser tida como arbitrária, pois: a) a decisão é fundamentada e b) inspirada no próprio ordenamento.

Não se trata de decisão que surge do nada, da simples convicção pessoal do juiz. Ao contrário, o magistrado, através de atividade cognitiva que leva em consideração o sistema como um todo, utiliza-se dos valores sociais para encontrar a regulamentação justa ao caso em concreto.

Frise-se que o art. 20 da Lei de Introdução às normas do Direito Brasileiro, inserido pela Lei 13.655/18, previu expressamente o uso de valores jurídicos abstratos, conceito no qual se enquadram os princípios gerais de direito, na tomada de decisões judiciais. Exigiu-se, apenas, que se considerem os efeitos práticos da decisão a ser tomada. A motivação, consequentemente, deverá demonstrar a necessidade e adequação da medida.

Neste sentido:

> Art. 20. Nas esferas administrativa, controladora e judicial, não se decidirá com base em valores jurídicos abstratos sem que sejam consideradas as consequências práticas da decisão.
>
> Parágrafo único. A motivação demonstrará a necessidade e a adequação da medida imposta ou da invalidação de ato, contrato, ajuste, processo ou norma administrativa, inclusive em face das possíveis alternativas.

Por fim, é importante destacar que, na hipótese de surgirem "relações jurídicas de natureza inteiramente novas, as quais nunca foram ventiladas pela legislação do país", o magistrado pode se socorrer dos princípios gerais de direito universal, retirados da análise da legislação, da doutrina e da jurisprudência estrangeiras, como ensinam Espínola Filho (2000, p. 275) e Magalhães Noronha (1992, p. 14).

Isto porque, mormente em tempos de globalização e instituições supranacionais, as nações partilham valores éticos e democráticos, de sorte que princípios como ampla defesa, contraditório e devido processo legal são comuns a muitas Constituições.

Logo, na ausência de recursos nacionais, o magistrado pode abeberar-se da experiência estrangeira para suprir lacunas da norma processual penal, porquanto, em virtude desta identidade de princípios, afigura-se altamente provável que o legislador terminasse por simplesmente adaptar estas normas à nossa realidade local, o que é frequentemente visto na atividade legislativa.

### 2.4.3. Costume

Segundo Magalhães Noronha (1992, p. 14), ainda que não contemplado expressamente pelo art. 3º do Código de Processo Penal, o costume é fonte integrativa por força do disposto na Lei de Introdução às normas do Direito Brasileiro (art. 4º), sendo "indubitável a influência da *praxe forense* nos atos processuais".

Veja-se o teor do citado dispositivo

> Art. 4º Quando a lei for omissa, o juiz decidirá o caso de acordo com a analogia, os costumes e os princípios gerais de direito.

Consoante Fernando da Costa Tourinho Filho (2010, p. 220), costume "é o uso geral, constante e notório, observado sob a convicção de corresponder a uma necessidade jurídica", ainda que não tenha força para revogar ou derrogar lei (Espínola Filho, 2000, p. 280).

É composto, por conseguinte, tanto por esta constância pela qual é seguido ao longo do tempo (elemento material), quanto pela "consciência da obrigatoriedade" (elemento psicológico), que impõe o seu acatamento, como brilhantemente leciona Eduardo Espínola Filho (2000, p. 281).

Ainda que o costume seja classificado por Tourinho Filho (2010, p. 220) como *secundum eventum legis* (oriundo da "aplicação uniforme da lei"), *praeter legem* (fora da lei ou costume integrativo) e *contra legem* (ou contra a lei), apenas o segundo interessa ao presente trabalho, por se tratar de uma forma de integração da lei processual penal.

Para ressaltar a importância do costume, relembra Frederico Marques (2009, p. 28) que, por vezes, a praxe judiciária é "a única fonte reguladora de atos processuais".

Como se percebe, assiste razão ao renomado mestre.

Veja-se, por exemplo, que inexiste no Código de Processo Penal uma norma que verse sobre os requisitos para a lavratura de uma ata de audiência, constando naquele diploma apenas que deve haver "um breve resumo dos fatos relevantes nela ocorridos" (art. 405).

O costume, todavia, desenhou o modelo utilizado por quase todos os magistrados, no qual consta que, "em determinada data e local, na presença das seguintes pessoas, teria ocorrido o seguinte desencadeamento de fatos".

Nota-se, pois, a relevância do costume como fonte supletiva do Direito, cuja força é de um convencimento tão automatizador que raramente é percebida pelos que o seguem.

### 2.4.4. Projeto do Novo Código de Processo Penal

Há que se salientar que o Congresso Nacional encontra-se discutindo um novo Código de Processo Penal (PL 8045). Nele, o suprimento das lacunas da lei deverá ser feito nos seguintes termos:

> Art. 5º A interpretação das leis processuais penais orientar-s-á pela proibição de excesso, privilegiando a dignidade da pessoa humana e a máxima proteção dos direitos fundamentais, considerada, ainda, a efetividade da tutela penal.
>
> Art. 6º A lei processual penal admitirá analogia e interpretação extensiva, vedada, porém, a ampliação do sentido de normas restritivas de direitos e garantias fundamentais.

Em que pese não mencione os costumes, tampouco os princípios gerais de direito, não se pode negar que estes poderão ser utilizados pelo magistrado com base na aplicação analógica do art. 4º da Lei de Introdução às normas de Direito Brasileiro, como acima mencionado. Assim, em pouco ou nada alterará a questão na prática.

Frise-se que a vedação à "ampliação do sentido de normas restritivas de direitos e garantias fundamentais" tem, em verdade, o escopo de impedir que os juízes confundam lacuna com o silêncio intencional ou proposital do Legislador. Isto é, se o Legislador elenca expressamente os casos em que cabível a infiltração, descabe ao magistrado ampliá-las. Neste caso, não há lacuna, mas, sim, um silêncio intencional.

Portanto, não haverá empecilho, caso aprovado o novo diploma processual penal com esta redação, para que o magistrado continue a preencher as lacunas no tocante à operacionalização e aplicabilidade deste instituto, ou de outro restritivo de direitos fundamentais. Afinal, como a lei não tem como tudo prever, continuará sendo do magistrado a incumbência de integrá-la.

O que se quer dizer, em síntese, é que a vedação da "ampliação do sentido de normas restritivas de direitos e garantias fundamentais" dirige-se à interpretação extensiva, e não à analogia; diz respeito à atividade interpretativa, e não à integradora.

### 2.5. Da possibilidade de o juiz suprir as lacunas do instituto da infiltração de agentes

Apreciada, pois, a possibilidade de o juiz exercer uma atividade criativa, bem como fixadas as premissas pelas quais tal atividade será exercida no processo penal, cumpre, então, adentrar ao caso em concreto, objeto deste trabalho.

Pelo aqui exposto, não restam dúvidas no sentido de que o magistrado, hoje, é protagonista na criação do direito, e não um mero repetidor das palavras dos códigos.

Restaram superados os mitos da falta de legitimidade do magistrado, a qual é fornecida pela Constituição, bem como o da inteireza do ordenamento, pela constatação de que é impossível que a lei tudo preveja.

Para tanto, reconheceu-se, no magistrado, a função de garantir a inteireza do ordenamento, sendo-lhe exigida uma adequação ética. Esta conformação vai desde as desejadas cautelas com a independência e imparcialidade, até o dever de fundamentar, que é ético, afinal, o magistrado não age por arbítrio, mas por respeito ao ordenamento jurídico. Deste juiz, exige-se também prudência, preparação e cuidados na vida privada, de sorte a manter sempre íntegra a chama da confiança no Judiciário.

E mais: o próprio ordenamento expressamente outorga esta função ao juiz, tanto que regulamenta como ele vai agir de forma criativa no caso do suprimento de lacunas, nos termos do art. 3º do Código de Processo Penal.

Tudo isto nos faz retornar aos questionamentos deixados em aberto no primeiro capítulo, para responder que a existência de lacunas não ocasionará qualquer dificuldade na aplicação do instituto da infiltração de agentes, pois é efetivamente possível que as lacunas deixadas pelo Legislador sejam supridas pelo magistrado com base no art. 3º do Código de Processo Penal. Não estará o juiz, com isto, afrontando o art. 5º, XXXIX, da Constituição, porquanto não estará utilizando a analogia para fins de tipificação, mas para suprir lacunas em sede processual, o que é plenamente aceitável.

Da mesma forma, a opção de deixar lacunas nos diplomas legislativos mostra-se muito adequada, por ser impossível antever a riqueza de desafios do cotidiano, como adiante se mostrará.

# 3
# Da Infiltração de Agentes. Suprindo as Lacunas da Lei

Verificada a legitimidade do magistrado para suprir as lacunas da lei e a forma de fazê-lo no processo penal brasileiro (art. 3º do CPP), passar-se-á a analisar o caso específico da infiltração de agentes.

Antes, entretanto, convém sempre salientar a necessidade de verificação *em concreto, pelo magistrado*, da adequação constitucional de uma medida tão invasiva à intimidade dos investigados e de terceiros. E isto se faz também através da análise do princípio da proporcionalidade.

Tal princípio, como é cediço, encontra-se expressamente previsto no art. 18, 2, da Constituição Portuguesa, abaixo citada:

> Artigo 18º – Força jurídica
>
> 1. Os preceitos constitucionais respeitantes aos direitos, liberdades e garantias são directamente aplicáveis e vinculam as entidades públicas e privadas.
>
> 2. A lei só pode restringir os direitos, liberdades e garantias nos casos expressamente previstos na Constituição, devendo as restrições limitar-se ao necessário para salvaguardar outros direitos ou interesses constitucionalmente protegidos.
>
> 3. As leis restritivas de direitos, liberdades e garantias têm de revestir carácter geral e abstracto e não podem ter efeito retroactivo nem diminuir a extensão e o alcance do conteúdo essencial dos preceitos constitucionais.

Em que pese não esteja expressamente previsto na Constituição brasileira, o princípio da proporcionalidade encontra-se nela de forma implícita, tal como já ocorreu em Portugal até 1982 (Canotilho; Moreira, 2007, p. 392).

Nesse sentido, diga-se de passagem, labora a jurisprudência do Supremo Tribunal Federal, que considera que o princípio da proporcionalidade encontra-se implícito na cláusula do devido processo legal substancial, constituindo-se em "verdadeiro parâmetro de aferição da própria constitucionalidade material dos atos estatais" (STF, HC 92.525, Min. Celso de Mello, decisão monocrática publicada no DJ-e em 03/04/2008).

De acordo com Canotilho e Moreira (2007, p. 392-393), o princípio da proporcionalidade ou proibição do excesso desdobrar-se-ia em três subespécies, quais sejam, os princípios da: a) adequação ou idoneidade, b) exigibilidade, necessidade ou indispensabilidade e c) proporcionalidade em sentido estrito.

Para o princípio da adequação ou idoneidade, as medidas restritivas de direitos fundamentais devem ser adequadas aos fins visados (Canotilho; Moreira, 2007, p. 392), isto é, a infiltração de agentes só poderá ser deferida se for útil à continuidade das investigações, ou seja, se for um meio apto a esclarecer os fatos sobre os quais se funda o inquérito policial.

O princípio da exigibilidade, necessidade ou indispensabilidade traduz-se na imprescindibilidade da medida restritiva, ou seja, na impossibilidade de os fatos serem apurados "por outros meios menos onerosos para os direitos, liberdades e garantias", como lecionam Canotilho e Moreira (2007, p. 393). Isto é, não se deferirá a infiltração de agentes se os fatos puderem ser apurados através de prova testemunhal ou mesmo de interceptação telefônica.

Por fim, o princípio da proporcionalidade em sentido estrito significa que:

> [...] os meios legais restritivos e os fins obtidos devem situar-se numa «justa medida», impedindo-se a adopção de medidas legais restritivas desproporcionadas, excessivas, em relação aos fins obtidos (Canotilho; Moreira, 2007, p. 393).

É este subprincípio, por sinal, que justifica o porquê da infiltração ser utilizada como *ultima ratio*, isto é, *destinada apenas aos casos mais graves.*

Veja-se que tais postulados servem de guia ao Legislador, o qual possui a obrigação de produzir leis proporcionais em abstrato, sob pena de inconstitucionalidade. Não se poderia, por conseguinte, instituir a adoção de infiltração de agentes para investigação de crimes de menor potencial ofensivo.

Tal constatação, todavia, não desvaloriza o trabalho do magistrado singular, o qual deve não só zelar pela constitucionalidade das normas editadas pelo legislador, com base no controle difuso de constitucionalidade, como também assegurar a constitucionalidade no caso em concreto.

Enfatize-se que incumbe ao magistrado cuidar para que não se ultrapasse o "limite absoluto" para restrição de direitos fundamentais, que é o "conteúdo essencial" dos preceitos (Canotilho; Vital, 2007, p. 393). Isto é, não se pode permitir que nenhum dos preceitos ponderados seja totalmente aniquilado, perdendo integralmente sua força normativa.

Como exemplo, poder-se-ia perguntar: não estaria totalmente relativizada a intimidade do investigado, no caso de uma infiltração de agentes? Não, pois o processo tramitará em sigilo judicial, podendo apenas ser analisado pelas partes. A intimidade seria relativizada, mas não aniquilada.

Por fim, ao aplicar a lei, preenchendo-lhe as lacunas, o magistrado deve atentar não só para os direitos dos indivíduos, mas também para os da coletividade.

Nesse sentido, assume importância a noção de proibição de insuficiência, conceito que parte da constatação de que o Estado deve agir para proteger os direitos fundamentais, e não apenas se abster de violá-los. Assim, é obrigação do Estado agir concretamente para proteger os direitos individuais, dever de proteção que incumbe também ao Judiciário, que não pode fornecer interpretação que esvazie o conteúdo das normas processuais penais (Baltazar Júnior, 2010a, p. 53-65).

Aqui, por sinal, reside mais um argumento apto a demonstrar a importância do juiz na aplicação da lei processual penal. Afinal, a existência de lacunas não pode servir de fundamento para que a sociedade não seja protegida, sob pena de violação de direitos fundamentais, os quais não são apenas do indivíduo, mas de toda a coletividade.

Lembre-se que, nos dizeres de Habermas (1983, p. 91), "um mau Estado é o que meramente existe", isto é, o Estado só será útil à comunidade se os seus valores forem aplicados na prática, ou seja, se a Constituição sair do papel. Não basta falar em proteção aos direitos humanos; o Estado e, por consequência, os juízes devem implementá-la.

Há que se atentar, contudo, que a atividade criativa do magistrado apenas é legítima onde houve lacuna. Da mesma forma, ainda que seja possível a interpretação das normas conforme a Constituição, é preciso que o juiz atente para a necessidade de preservar o princípio da separação e harmonia entre os poderes, insculpido no art. 2º da Constituição Federal. Uma coisa é escolher, dentre as interpretações possíveis, a que melhor atende ao interesse coletivo. Outra, é oferecer exegese incompatível com o texto legal, sob o pretexto de adequá-lo aos princípios constitucionais, hipótese na qual o magistrado estaria, em verdade, legislando.

Vejamos, então, como serão supridas as lacunas legais.

### 3.1. Conceito de infiltração de agentes

Como exposto acima, não há qualquer diploma legislativo que conceitue agente infiltrado. Logo, cabe ao magistrado, com base no art. 3º do CPP, suprir tal lacuna com fundamento nos princípios gerais de direito, mais especificamente no princípio da legalidade.

Explico.

Não há qualquer vedação legal à atuação passiva e de mera observação por parte de agente policial. Isto é, inexiste proibição para que, por exemplo, policial observe pessoas em locais públicos. Do mesmo modo, não há qualquer obrigação do uso de uniforme ou identificação ostensiva. Diferencia-se, portanto, o agente infiltrado do policial à paisana, que meramente observa, sem ter a necessidade de utilizar qualquer ardil, como exposto anteriormente.

Com base nestas premissas, portanto, o agente infiltrado só pode ser conceituado como aquele policial que, ocultando sua verdadeira identidade e função através do uso de cobertura fictícia, aproxima-se de suspeitos da prática de determinados crimes para fazer prova da sua ocorrência. *Afinal, não haveria necessidade de permissão legal para algo que não é proibido.*

Frise-se que a Segunda Turma do Supremo Tribunal Federal recentemente corroborou tal entendimento, ao caracterizar como agente infiltrado aquele que obtém confiança de terceiros, de sorte a amealhar elementos probatórios com relação a fatos criminosos concretos. Nesta oportunidade, assentou a Segunda Turma a diferença entre o agente de inteligência e o infiltrado, pontuando que o primeiro tem "tem uma função preventiva e genérica, buscando informações de fatos sociais relevantes ao governo", ao passo que o segundo "possui finalidades repressivas e investigativas, visando à obtenção de elementos probatórios relacionados a fatos supostamente criminosos e organizações criminosas específicas" (STF, HC 147.837/RJ, SEGUNDA TURMA, Rel. Min. GILMAR MENDES, julgado em 26/02/2019).

Por sua vez, a Sexta Turma do Superior Tribunal de Justiça já havia reconhecido *in dicta* que a dissimulação para induzir os alvos da investigação policial em erro é uma das características definidoras da infiltração de agentes (STJ, RHC 84.366/RJ, Sexta Turma, Min. Maria Thereza de Assis Moura, julgado em 23/08/2018).

Importante salientar que o legislador brasileiro, por ocasião da prolação da Lei Anticrime, optou por adotar o termo "agente policial disfarçado", e não agente à paisana. Veja-se, contudo, que, da análise dos dispositivos envolvidos (artigos 17, § 2º, 18, par. único, da Lei 10.826/2003 e 33, § 1º, IV, da Lei 11.343/06), percebe-se claramente que a figura do policial disfarçado se equipara ao citado conceito de agente a paisana.

> Lei 10.826/2003
>
> Art. 17. (...)
>
> § 2º Incorre na mesma pena quem vende ou entrega arma de fogo, acessório ou munição, sem autorização ou em desacordo com a determinação legal ou regulamentar, a agente policial disfarçado, quando presentes elementos probatórios razoáveis de conduta criminal preexistente
>
> Art. 18 (...)
>
> Parágrafo único. Incorre na mesma pena quem vende ou entrega arma de fogo, acessório ou munição, em operação de importação, sem autorização da autoridade competente, a agente policial disfarçado, quando presentes elementos probatórios razoáveis de conduta criminal preexistente." (NR)
>
> Lei 11.343/06
>
> Art. 33 (...)
>
> § 1º (...)
>
> IV – vende ou entrega drogas ou matéria-prima, insumo ou produto químico destinado à preparação de drogas, sem autorização ou em desacordo com a determinação legal ou regulamentar, a agente policial disfarçado, quando presentes elementos probatórios razoáveis de conduta criminal preexistente.

Afinal, o agente disfarçado é aquele que está apenas desprovido de farda, atuando de forma não ostensiva, pelo que pode agir sem autorização judicial. Sua conduta profissional não terá o propósito de se aproximar dos agentes do crime para, através do ardil e da criação de familiaridade, desvendar o contexto criminoso. O propósito será de mera constatação de condutas, sem intervenção concreta sua para realização. Em verdade, a atuação do agente disfarçado objetiva o flagrante de práticas ocorridas à luz do dia, diferente do agente infiltrado, que objetiva desvelar o que habita nas trevas.

Percebe-se, do texto legal, que atuação do "agente policial disfarçado" será passiva, limitando-se a observar e, diante da expressa autorização legal, realizar compra ou receber armas, munições, drogas ou matéria-prima, insumos ou produto químico usado para sua produção. Tal autorização legislativa tem por escopo evitar o reconhecimento do crime impossível, mas não retira o caráter de passividade da atuação policial. Afinal, a configuração do crime demanda a presença de "elementos probatórios razoáveis de conduta criminal preexistente", a demonstrar que não houve provocação.

Frise-se não ser possível concluir pela equivalência entre agente infiltrado e agente policial disfarçado, pois o Legislador não utilizou duas terminologias distintas à toa. A diferenciação tem um sentido, mormente no contexto da Lei Anticrime, no qual as duas terminologias foram utilizadas concomitantemente, revelando clara intenção do legislador em diferenciar os institutos.

Por fim, deve-se ressaltar que o agente infiltrado também é figura diversa do informante (Lei 13.608/18), terceiro alheio aos quadros policiais que fornece informações às autoridades públicas. Da mesma forma, é instituto totalmente distinto do colaborador (Lei 12.850, art. 4º, por exemplo), réu ou investigado que fornece informações concretas à investigação criminal, para obter benefícios legais.

Ultrapassada a questão do conceito, passa-se a apreciar outros pontos relevantes.

## 3.2. Requisitos para a infiltração de agentes

Dispõe o art. 10, § 2º, da Lei 12.850/13 que a infiltração é cabível "se houver indícios de infração penal de que trata o art. 1º e se a prova não puder ser produzida por outros meios disponíveis". Quase idêntica redação é utilizada pelo § 3º do art. 10-A, que dispõe sobre as infiltrações virtuais no âmbito das investigações abarcadas pela Lei 12.850/13. Portanto, dois são basicamente os requisitos: a) indícios de infração penal de que trata o art. 1º e b) a impossibilidade de a prova ser produzida por outros meios (Wolff, 2018, p. 223).

Art. 10. A infiltração de agentes de polícia em tarefas de investigação, representada pelo delegado de polícia ou requerida pelo Ministério Público, após manifestação técnica do delegado de polícia quando solicitada no curso de inquérito policial, será precedida de circunstanciada, motivada e sigilosa autorização judicial, que estabelecerá seus limites.

§ 1º Na hipótese de representação do delegado de polícia, o juiz competente, antes de decidir, ouvirá o Ministério Público.

§ 2º Será admitida a infiltração se houver indícios de infração penal de que trata o art. lo e se a prova não puder ser produzida por outros meios disponíveis.

(...)

Art. 10-A (...)

§ 3º Será admitida a infiltração se houver indícios de infração penal de que trata o art. 1º desta Lei e se as provas não puderem ser produzidas por outros meios disponíveis. (Incluído pela Lei nº 13.964, de 2019)

No tocante ao primeiro requisito, esclareça-se que a infiltração é cabível para investigação de quaisquer dos delitos previstos no art. 1º. Não se restringe, portanto, à elucidação das atividades desenvolvidas por organizações criminosas, mas também aos crimes mencionados no § 2º e aos crimes previstos nas Leis 9.613/98, 11.343/06 e 13.344/16, aos quais as disposições da Lei 12.850/13 são aplicáveis por analogia, nos termos do art. 3º do Código de Processo Penal.

Algumas ponderações sobre indícios são necessárias. Indício é "a circunstância conhecida e provada, que, tendo relação com o fato, autorize, por indução, concluir-se a existência de outra ou outras circunstâncias" (art. 239 do CPP). A Lei 12.850/13 exige indícios no plural, pelo que não basta apenas uma circunstância isolada, sendo necessário um conjunto destas para permitir o uso desta medida excepcional. Fala-se, da mesma forma, em indícios de crime, e não de autoria, já que o objetivo deste meio excepcional de prova será justamente revelar os envolvidos.

A impossibilidade de a prova ser levada a cabo por outros meios é relevante. Afinal, o uso de ardil por parte do Estado não deve ser a regra, mas sim a última opção. Assim, por exemplo, se a interceptação das comunicações não tiver sido frutífera ou não puder ser usada é que a infiltração de agentes poderá ser cogitada.

A atual redação do Estatuto da Criança e do Adolescente (art. 190-A), aplicável apenas à infiltração virtual nos crimes contra a dignidade da criança e do adolescente, tem semelhante redação, estipulando que "infiltração de agentes de polícia na internet não será admitida se a prova puder ser obtida por outros meios". Logo, pode-se dizer que os requisites são os mesmos, pois, diante da excepcionalidade da infiltração, é intuitivo que ela demande mais de um indício da prática de delito.

> Art. 190-A. A infiltração de agentes de polícia na internet com o fim de investigar os crimes previstos nos arts. 240, 241, 241-A, 241-B, 241-C e 241-D desta Lei e nos arts. 154-A, 217-A, 218, 218-A e 218-B do Decreto-Lei nº 2.848, de 7 de dezembro de 1940 (Código Penal), obedecerá às seguintes regras:
>
> (...)
>
> § 3º A infiltração de agentes de polícia na internet não será admitida se a prova puder ser obtida por outros meios.

Vê-se, portanto, que as Leis 12.850/13 e o ECA trataram do tema, *persistindo a lacuna acerca dos requisitos da infiltração apenas no tocante às Leis 9.6013/98, 11.343/06 e 13.344/16*. Isto, contudo, não gera qualquer óbice à aplicação do instituto naqueles contextos, pois o juiz pode suprir o vazio legislativo utilizando-se do art. 3º do CPP. No caso, usar-se-á a analogia para tomar de empréstimo o disposto na Lei 12.850/13, que é a norma mais genérica, se confrontada com as disposições presentes no ECA.

### 3.3. Legitimidade

Nos termos da Lei 12.850/13, é imprescindível a representação policial ou requerimento por parte do Ministério Público para fins de autorização da infiltração de agentes, não podendo haver deferimento *ex officio* pelo magistrado, como esclarece o art. 10, *caput*. A impossibilidade de iniciativa judicial também é aplicável à infiltração virtual prevista na Lei 12.850/13, como preceitua o *caput* do art. 10-A da referida norma, a qual reitera o disposto no art. 10.

> Art. 10. A infiltração de agentes de polícia em tarefas de investigação, representada pelo delegado de polícia ou requerida pelo Ministério Público, após manifestação técnica do delegado de polícia quando solicitada no curso de inquérito policial, será precedida de circunstanciada, motivada e sigilosa autorização judicial, que estabelecerá seus limites.
>
> § 1º Na hipótese de representação do delegado de polícia, o juiz competente, antes de decidir, ouvirá o Ministério Público.

§ 2º Será admitida a infiltração se houver indícios de infração penal de que trata o art. 1o e se a prova não puder ser produzida por outros meios disponíveis.

§ 3º A infiltração será autorizada pelo prazo de até 6 (seis) meses, sem prejuízo de eventuais renovações, desde que comprovada sua necessidade.

§ 4º Findo o prazo previsto no § 3º, o relatório circunstanciado será apresentado ao juiz competente, que imediatamente cientificará o Ministério Público.

§ 5º No curso do inquérito policial, o delegado de polícia poderá determinar aos seus agentes, e o Ministério Público poderá requisitar, a qualquer tempo, relatório da atividade de infiltração.

Art. 10-A. Será admitida a ação de agentes de polícia infiltrados virtuais, obedecidos os requisitos do caput do art. 10, na internet, com o fim de investigar os crimes previstos nesta Lei e a eles conexos, praticados por organizações criminosas, desde que demonstrada sua necessidade e indicados o alcance das tarefas dos policiais, os nomes ou apelidos das pessoas investigadas e, quando possível, os dados de conexão ou cadastrais que permitam a identificação dessas pessoas.

(...)

No caso de requerimento do Ministério Público, deverá haver manifestação técnica do delegado de polícia. No caso de representação deste, haverá necessidade de pronunciamento do órgão acusatório. A necessidade de oitiva do Ministério Público no caso de representação da autoridade policial não surpreende, pois o primeiro é titular da ação penal e fiscal da lei.

Por sua vez, a oitiva do Delegado, no caso de requerimento do Ministério Público, também tem uma razão de ser bastante intuitiva. Veja-se, neste sentido, que a infiltração depende de profissionais treinados, aptos a buscar a prova com a mínima vulneração da intimidade de terceiros, sem ultrapassar os limites impostos pelo magistrado e pelas leis penais e processuais penais. Logo, como apenas a autoridade responsável pela investigação pode afirmar se, em sua unidade, há profissional habilitado para tanto, não haveria como se prescindir da sua manifestação.

As disposições do Estatuto da Criança e do Adolescente, neste ponto, não são tão minuciosas. O art. 190-A, II, preceitua que infiltração demanda requerimento do Ministério Público ou representação da autoridade policial, nada mencionando acerca da necessidade de manifestação técnica da autoridade policial no primeiro caso. Entretanto, por uma questão prática, o deferimento da infiltração virtual nos crimes contra a dignidade sexual de criança e do adolescente dependerá de manifestação técnica da autoridade policial, pois apenas esta pode informar se há recursos humanos disponíveis para a tarefa.

> Art. 190-A. A infiltração de agentes de polícia na internet com o fim de investigar os crimes previstos nos arts. 240, 241, 241-A, 241-B, 241-C e 241-D desta Lei e nos arts. 154-A, 217-A, 218, 218-A e 218-B do Decreto-Lei nº 2.848, de 7 de dezembro de 1940 (Código Penal), obedecerá às seguintes regras:
>
> I – será precedida de autorização judicial devidamente circunstanciada e fundamentada, que estabelecerá os limites da infiltração para obtenção de prova, ouvido o Ministério Público;
>
> II – dar-se-á mediante requerimento do Ministério Público ou representação de delegado de polícia e conterá a demonstração de sua necessidade, o alcance das tarefas dos policiais, os nomes ou apelidos das pessoas investigadas e, quando possível, os dados de conexão ou cadastrais que permitam a identificação dessas pessoas;
>
> (...)

Em síntese, as Leis 12.850/13 e o ECA trataram da questão da legitimidade, persistindo a lacuna apenas no tocante *às Leis 9.613/98, 11.343/06 e 13.344/16.* Isto, contudo, não gera qualquer óbice à aplicação do instituto naqueles contextos, pois o juiz pode suprir o vazio legislativo utilizando-se do art. 3º do CPP. No caso, usar-se-á a analogia para tomar de empréstimo o disposto na Lei 12.850/13, que é a norma mais genérica, se confrontada com o ECA.

Ultrapassada a questão da legitimidade, passa-se à análise da duração da medida.

## 3.4. Duração da medida

O art. 10, § 3º, da Lei 12. 850/13 permitiu a infiltração por até 6 meses, sem prejuízo de eventuais renovações, desde que demonstrada sua necessidade.

> Art. 10. A infiltração de agentes de polícia em tarefas de investigação, representada pelo delegado de polícia ou requerida pelo Ministério Público, após manifestação técnica do delegado de polícia quando solicitada no curso de inquérito policial, será precedida de circunstanciada, motivada e sigilosa autorização judicial, que estabelecerá seus limites.

§ 1º Na hipótese de representação do delegado de polícia, o juiz competente, antes de decidir, ouvirá o Ministério Público.

§ 2º Será admitida a infiltração se houver indícios de infração penal de que trata o art. lo e se a prova não puder ser produzida por outros meios disponíveis.

§ 3º A infiltração será autorizada pelo prazo de até 6 (seis) meses, sem prejuízo de eventuais renovações, desde que comprovada sua necessidade.

Da leitura de tal dispositivo, é digno de nota que: a) o prazo é de até 6 meses, podendo haver fixação em prazo menor, bem como b) que inexiste limite de renovações.

O ECA possui, contudo, redação distinta, como se percebe do inciso III do art. 190-A:

Art. 190-A. A infiltração de agentes de polícia na internet com o fim de investigar os crimes previstos nos arts. 240, 241, 241-A, 241-B, 241-C e 241-D desta Lei e nos arts. 154-A, 217-A, 218, 218-A e 218-B do Decreto-Lei nº 2.848, de 7 de dezembro de 1940 (Código Penal), obedecerá às seguintes regras:

(...)

III – não poderá exceder o prazo de 90 (noventa) dias, sem prejuízo de eventuais renovações, desde que o total não exceda a 720 (setecentos e vinte) dias e seja demonstrada sua efetiva necessidade, a critério da autoridade judicial.

Logo, nos casos elencados no caput do art. 190-A, o prazo da infiltração passou a ser de, no máximo 90 dias, prorrogáveis por não mais de 720 dias (art. 190-A do Projeto). Isto é, o prazo de duração é menor que o máximo previsto na Lei 12.850/13 e há limite para renovações (720 dias).

Com o advento da Lei Anticrime, a infiltração virtual no âmbito da Lei 12.850/13 passou a ser regida pelo art. 10-A daquele diploma. A duração da medida, por sua vez, restou delimitada da seguinte forma:

Art. 10-A

§ 4º A infiltração será autorizada pelo prazo de até 6 (seis) meses, sem prejuízo de eventuais renovações, mediante ordem judicial fundamentada e desde que o total não exceda a 720 (setecentos e vinte) dias e seja comprovada sua necessidade. (Incluído pela Lei nº 13.964, de 2019)

Portanto, para as infiltrações no âmbito virtual da Lei 12.850/13, o prazo de duração da infiltração passou a ser de até 6 meses (como ocorre na infiltração presencial no mesmo diploma), mas limitado a 720 dias, como ocorria no âmbito da infiltração virtual prevista no ECA.

Da análise do mencionado quadro, percebe-se que seria saudável uma uniformização legislativa de critérios, não havendo razão para as infiltrações virtuais serem limitadas no tempo e as presenciais, não.

Frise-se que a infiltração presencial envolve consideravelmente mais riscos aos agente e, não é, como regra, necessariamente mais complexa que a virtual. Da mesma forma, a infiltração presencial ocasiona, no mínimo, a mesma vulneração à intimidade dos investigados, senão mais.

Assim, não se constata a necessidade da distinção no prazo máximo de duração da medida no caso da seara virtual. Contudo, trata-se de questão que apenas pode ser corrigida legislativamente, pois não há, aqui, nenhuma lacuna na legislação pátria, tampouco condições de oferecer a norma uma interpretação que não a literal.

| LEI 10.850/13 | LEI 10.850/13 PÓS LEI ANTICRIME | ECA |
|---|---|---|
| § 3º A infiltração será autorizada pelo prazo de até 6 (seis) meses, sem prejuízo de eventuais renovações, desde que comprovada sua necessidade. | Art. 10-A<br>§ 4º A infiltração será autorizada pelo prazo de até 6 (seis) meses, sem prejuízo de eventuais renovações, mediante ordem judicial fundamentada e desde que o total não exceda a 720 (setecentos e vinte) dias e seja comprovada sua necessidade. (Incluído pela Lei nº 13.964, de 2019) | Art. 190-A (...)<br>III – não poderá exceder o prazo de 90 (noventa) dias, sem prejuízo de eventuais renovações, desde que o total não exceda a 720 (setecentos e vinte) dias e seja demonstrada sua efetiva necessidade, a critério da autoridade judicial. (Incluído pela Lei nº 13.441, de 2017) |

Por fim, novamente, as Leis 12.850/13 e o ECA trataram do prazo de duração, persistindo a lacuna no que pertine às Leis 9.613/98, 11.343/06 e 13.344/16, o que não gera qualquer óbice à aplicação do instituto naqueles contextos, pois o juiz pode suprir o vazio legislativo utilizando-se do art. 3º do CPP. No caso, usar-se-á a analogia para tomar de empréstimo o disposto na Lei 12.850/13, que é a norma mais genérica, se confrontada com o ECA.

## 3.5. Limites à atuação do infiltrado

Segundo a Lei 12.850/13, a infiltração "será precedida de circunstanciada, motivada e sigilosa autorização judicial, que estabelecerá seus limites" (art.

10). Não por acaso, o requerimento ou representação deverão demonstrar não apenas a necessidade da medida, mas "o alcance das tarefas dos agentes" (art. 11).

> Art. 10. A infiltração de agentes de polícia em tarefas de investigação, representada pelo delegado de polícia ou requerida pelo Ministério Público, após manifestação técnica do delegado de polícia quando solicitada no curso de inquérito policial, será precedida de circunstanciada, motivada e sigilosa autorização judicial, que estabelecerá seus limites.
>
> § 1º Na hipótese de representação do delegado de polícia, o juiz competente, antes de decidir, ouvirá o Ministério Público.
>
> § 2º Será admitida a infiltração se houver indícios de infração penal de que trata o art. lo e se a prova não puder ser produzida por outros meios disponíveis.
>
> § 3º A infiltração será autorizada pelo prazo de até 6 (seis) meses, sem prejuízo de eventuais renovações, desde que comprovada sua necessidade.
>
> § 4º Findo o prazo previsto no § 3º, o relatório circunstanciado será apresentado ao juiz competente, que imediatamente cientificará o Ministério Público.
>
> § 5º No curso do inquérito policial, o delegado de polícia poderá determinar aos seus agentes, e o Ministério Público poderá requisitar, a qualquer tempo, relatório da atividade de infiltração.
>
> Art. 11. O requerimento do Ministério Público ou a representação do delegado de polícia para a infiltração de agentes conterão a demonstração da necessidade da medida, o alcance das tarefas dos agentes e, quando possível, os nomes ou apelidos das pessoas investigadas e o local da infiltração.

Do exposto, percebe-se que a Lei 12.850/13 nada explicou sobre os limites do agente infiltrado, o que será tarefa do magistrado no momento do deferimento do pedido.

Por sua vez, o ECA dispõe que a infiltração de agentes de polícia "será precedida de autorização judicial devidamente circunstanciada e fundamentada, que estabelecerá os limites da infiltração para obtenção de prova, ouvido o Ministério Público".

> Art. 190-A. A infiltração de agentes de polícia na internet com o fim de investigar os crimes previstos nos arts. 240, 241, 241-A, 241-B, 241-C e 241-D desta Lei e nos arts. 154-A, 217-A, 218, 218-A e 218-B do Decreto-Lei nº 2.848, de 7 de dezembro de 1940 (Código Penal), obedecerá às seguintes regras:

> I – será precedida de autorização judicial devidamente circunstanciada e fundamentada, que estabelecerá os limites da infiltração para obtenção de prova, ouvido o Ministério Público;
>
> (...)

Tal como o at. 10 da Lei 12.850/13, o art.190-A do ECA limita-se à atribuir ao juízo o dever de estabelecer os limites do agente infiltrado, sem trazer as balizas desta limitação. Semelhante postura foi adotada pelo Legislador por ocasião da inclusão do art. 10-A na Lei Anticrime:

> Art. 10-A. Será admitida a ação de agentes de polícia infiltrados virtuais, obedecidos os requisitos do caput do art. 10, na internet, com o fim de investigar os crimes previstos nesta Lei e a eles conexos, praticados por organizações criminosas, desde que demonstrada sua necessidade e indicados o alcance das tarefas dos policiais, os nomes ou apelidos das pessoas investigadas e, quando possível, os dados de conexão ou cadastrais que permitam a identificação dessas pessoas.

Veja-se que a referida norma incumbiu ao magistrado o dever de indicar "o alcance das tarefas dos policiais", sem minudenciar exatamente quais seriam os limites desta decisão. As Leis 9.613/98, 11.343/06 e 13.344/16, por sua vez, nada tratam sobre o assunto.

Assim, caberá ao magistrado, com base no art. 3º do CPP, suprir tal lacuna. Frise-se que, ao delinear os limites do infiltrado, caberá ao juiz atentar, primeiramente, para o princípio da proporcionalidade, tal como mencionado no início deste capítulo.

Como nenhum direito é absoluto, é preciso notar a importância de desenhar um cenário em que todos os direitos envolvidos sejam tutelados ao máximo. Assim, é evidente que, salvo em hipótese de legítima defesa, não pode o agente infiltrado praticar um homicídio.

Assim, não poderia um magistrado pré-autorizar a prática de tal conduta. Afinal, o direito à vida (art. 5º, CF) estaria sendo anulado em detrimento do interesse em segurar a segurança pública, a qual, em verdade, pode ser protegida de outro modo.

Da mesma forma, não poderia o agente vulnerar a liberdade sexual de outrem praticando estupro, pelos mesmos fundamentos apresentados acima, pois restaria totalmente vulnerada a dignidade da vítima (art. 1º, III, CF).

Por outro lado, parece razoável que um magistrado permita a um agente que auxilie na criação de uma pessoa jurídica de fachada para a realização de lavagem de dinheiro para o crime organizado. Afinal, em que pese o policial esteja temporariamente facilitando as atividades de organização criminosa, isto ocorrerá apenas para possibilitar a efetiva erradicação do grupo com a prisão dos lideres. E esta, por vezes, é apenas levada a cabo através desta aproximação entre o policial e a organização, com a criação de uma relação de confiança.

Da mesma forma, no momento da fixação dos limites, deve o magistrado levar em consideração os termos do art. 369 do CPC/2015 (art. 332 do CPC/73), aplicável ao processo penal por força do art. 3º do CPP, o qual dispõe que a prova, para ser admissível, deve ser moralmente legítima.

Logo, não poderia o agente infiltrado, por exemplo, aproximar-se da filha do investigado e simular envolvimento emocional com ela, para se aproximar do alvo da operação. Isto porque não seria moralmente admissível que se atinja terceiros inocentes para se desvelar a prática de delitos de pessoa individualizada, mormente quando há outros meios de se alcançar tal desiderato.

Frise-se que a prova a desbordar dos limites da proporcionalidade e da moralidade será nula.

Parece claro, da mesma forma, que outro limite à atuação do infiltrado é a possibilidade do flagrante preparado. Desta vez, não porque a prova será nula, tal como ocorre na atitude desproporcional ou imoral do agente, mas porque não haverá crime por parte do investigado.

Tal conclusão decorre da aplicação da Súmula 145 do STF ao caso concreto. Segundo tal enunciado:

> "Não há crime, quando a preparação do flagrante pela polícia torna impossível a sua consumação".

Logo, não haverá crime se: a) houver preparação por parte da polícia e, b) ao mesmo tempo, o crime não se consumar ou sua concretização for inviável em face à atuação policial. O enunciado é fruto do art. 17 do CP, que dispõe sobre o crime impossível:

> Art. 17 – Não se pune a tentativa quando, por ineficácia absoluta do meio ou por absoluta impropriedade do objeto, é impossível consumar-se o crime.

É preciso repetir: por expressa disposição legal, reconhecida pelo Pretório Excelso, não haverá crime se houver o incentivo à prática do delito, **devidamente acompanhado das providências necessárias para impedir a sua consumação.** Na falta do segundo requisito, a instigação não terá a mencionada repercussão no mundo jurídico.

Em sentido contrário, posiciona-se Vicente Greco Filho (2014, p. 61). De acordo com o autor, a infiltração de agentes, quando regularmente autorizada, não redunda em flagrante preparado, por não estar presente a "impossibilidade absoluta de consumação".

Entretanto, não vejo como afirmar categoricamente pela inexistência de tal impossibilidade em todos os casos. Utilize-se, como exemplo, o art. 241-A do Estatuto da Criança e do Adolescente (ECA), que pune o oferecimento, troca, disponibilização, transmissão, distribuição, publicação ou divulgação "por qualquer meio, inclusive por meio de sistema de informática ou telemático, fotografia, vídeo ou outro registro que contenha cena de sexo explícito ou pornografia envolvendo criança e adolescente". Se uma policial infiltrada, fingindo ser um senhor de meia idade, sugere troca de vídeo pornográfico infantil com investigado, este não poderá ser preso em flagrante pelo verbo nuclear trocar. Isto porque, por "ineficácia absoluta do meio", o crime não irá se consumar (art. 17 do CP). O vídeo não entrará em circulação, nem correrá o risco de causar lesão ao bem jurídico tutelado, pois será apreendido pela polícia. Por outro lado, incidirá o agente no crime de armazenar ou possuir "fotografia, vídeo ou outra forma de registro que contenha cena de sexo explícito ou pornográfica envolvendo criança ou adolescente" (art. 241-B do ECA). Afinal, no tocante a este, a atividade já havia se consumado, sem qualquer instigação do agente, diga-se de passagem (Wolff, 2018, p. 229).

Importante, nesta oportunidade, fazer uma observação, tendo em vista o advento da Lei Antiterrorismo (Lei 13.260/16) que criminalizou os atos preparatórios no seu art. 5º, como se passa a citar:

> Art. 5º Realizar atos preparatórios de terrorismo com o propósito inequívoco de consumar tal delito:
>
> Pena – a correspondente ao delito consumado, diminuída de um quarto até a metade.
>
> (...)

Art. 10. Mesmo antes de iniciada a execução do crime de terrorismo, na hipótese do art. 5° desta Lei, aplicam-se as disposições do art. 15 do Decreto-Lei n. 2.848, de 7 de dezembro de 1940 – Código Penal.

Logo, caso o infiltrado participe de um plano para o cometimento de atentado em andamento, o delito já terá se consumado, pelo que não se poderá alegar flagrante preparado.

A preocupação em evitar a atividade do agente provocador não se restringe ao direito nacional.

Nos Estados Unidos da América, a jurisprudência cunhou a *entrapment defense* como forma de limitar a atividade policial que encoraja a prática de delitos para após realizar prisões.

De acordo com o decidido pela Suprema Corte dos Estados Unidos da América em *Sorrels v. U.S.* (1932), entrapment seria, em livre tradução, "a concepção e o planejamento de um crime por um agente e a viabilização da sua prática por ato de terceiro que não o teria perpetrado senão pelos truques, pela instigação ou por fraude por parte deste agente" (LAFAVE, 2003, p. 397-398).

Seja na vertente subjetiva (que foca na pessoa do criminoso para verificar se a prática decorreu exclusivamente da provocação), seja na objetiva (que se concentra nos limites objetivos ao ato de encorajar a prática de crimes), a teoria do entrapment defense funda-se na instigação estatal como estímulo à prática do ato, o que não poderia ser admitido (LAFAVE, op.cit., p. 401-406).

Semelhante foi a conclusão da Corte Europeia de Direitos Humanos no caso Teixeira de Freitas v. Portugal, no qual o estímulo de policial ao comércio de entorpecentes por parte do acusado foi considerado ofensa ao direito ao *fair hearing*, por ir além da investigação, para adentrar na instigação.

*Repita-se, contudo, que, no ordenamento brasileiro, é imprescindível a ocorrência de instigação, devidamente aliada à impossibilidade de consumação, para que se possa falar em crime impossível.*

A recente regulamentação da atividade do agente policial disfarçado nos delitos da Lei de Drogas e da Lei de Armas não altera este panorama. Primeiramente, porque os dispositivos incluídos pela Lei Anticrime versam sobre figura distinta do agente infiltrado, a qual não restaria afetada, no ponto, pela citada alteração legislativa.

Ainda que assim não o fosse, os referidos dispositivos afastaram a possibilidade de alegação do flagrante preparado "quando presentes elementos probatórios razoáveis de conduta criminal preexistente" (artigos 17, § 2º, e 18, parágrafo único, da Lei 10.826/03 e 33, § 1º, IV da Lei 11.343/06). Isto é, não haverá crime impossível porque existência de conduta criminal preexistente comprova que o delito não ocorreu por instigação do agente policial.

### 3.6. Responsabilidade penal do agente infiltrado

Outra questão que se apresenta de grande relevância é a da responsabilidade penal do agente infiltrado.

Segundo a Lei 12.850/13, o infiltrado "que não guardar, em sua atuação, a devida proporcionalidade com a finalidade da investigação, responderá pelos excessos praticados" (art. 13). O parágrafo único do artigo 13 conclui, por fim, não ser punível "no âmbito da infiltração, a prática de crime pelo agente infiltrado no curso da investigação, quando inexigível conduta diversa".

> Art. 13. O agente que não guardar, em sua atuação, a devida proporcionalidade com a finalidade da investigação, responderá pelos excessos praticados.
>
> Parágrafo único. Não é punível, no âmbito da infiltração, a prática de crime pelo agente infiltrado no curso da investigação, quando inexigível conduta diversa.

Antes da promulgação da Lei 12.850/13, havia dúvidas sobre o fundamento legal que isentava o agente da persecução penal quando inexistente qualquer excesso por sua parte (Jesus e Bechara, 2005). Atualmente, o Legislador explicitou que o agente é isento de pena por inexigibilidade de conduta diversa. Como bem salientou Guilherme de Souza Nucci (2015, p. 92), trata-se de causa excludente de culpabilidade que era tida por supralegal, "passando, hoje, à mais expressa legalidade".

Por outro lado, o art. 190-C do ECA dispôs que não "comete crime o policial que oculta a sua identidade para, por meio da internet, colher indícios de autoria e materialidade dos crimes previstos nos arts. 240, 241, 241-A, 241-B, 241-C e 241-D desta Lei e nos arts. 154-A, 217-A, 218, 218-A e 218-B do Decreto-Lei nº 2.848, de 7 de dezembro de 1940 (Código Penal)". O parágrafo único preceitua que o "agente policial infiltrado que deixar de observar a estrita finalidade da investigação responderá pelos excessos praticados".

> Art. 190-C. Não comete crime o policial que oculta a sua identidade para, por meio da internet, colher indícios de autoria e materialidade dos crimes previstos nos arts. 240, 241, 241-A, 241-B, 241-C e 241-D desta Lei e nos arts. 154-A, 217-A, 218, 218-A e 218-B do Decreto-Lei nº 2.848, de 7 de dezembro de 1940 (Código Penal). (Incluído pela Lei nº 13.441, de 2017)
>
> Parágrafo único. O agente policial infiltrado que deixar de observar a estrita finalidade da investigação responderá pelos excessos praticados.

Percebe-se, portanto, que a grande distinção entre os diplomas é que o art. 190-C do ECA isenta o policial **apenas** do crime relativo ao uso de falsa identidade, ao passo que o art. 13 isenta a culpabilidade quando houver inexigibilidade de conduta diversa, ou seja, independentemente do delito.

Trata-se de diferença muito significativa, considerando-se a limitação gerada na atividade do infiltrado. Em edição anterior desta obra, inclusive, sinalizou-se que teria melhor obrado o Legislador ao não realizar a citada distinção, pela excessiva restrição à atividade do policial.

O Congresso Nacional, contudo, optou recentemente por estender tais limitações a todas as infiltrações virtuais, como se percebe da redação do art. 10-C, incluído na Lei 12.850/13 pelo Pacote Anticrime:

> Art. 10-C. Não comete crime o policial que oculta a sua identidade para, por meio da internet, colher indícios de autoria e materialidade dos crimes previstos no art. 1º desta Lei. (Incluído pela Lei nº 13.964, de 2019)
>
> Parágrafo único. O agente policial infiltrado que deixar de observar a estrita finalidade da investigação responderá pelos excessos praticados. (Incluído pela Lei nº 13.964, de 2019)

Em que pese a existência de uma maior limitação no âmbito virtual não seja compreensível, até porque a prática de delitos no universo presencial é mais ampla e potencialmente danosa, não há como oferecer outra interpretação ao artigo sem sustentar que o Congresso Nacional utilizou palavras inutilmente, o que não é aceitável ao intérprete.

Ao mencionar que não comete crime o agente infiltrado virtual que oculta sua identidade para praticar delitos, deixa claro o Legislador que está afastando a incidência apenas do delito de falso. Caso não fosse esta a intenção, teria adotado redação semelhante ao art. 13 da Lei 12.850/13, onde a espécie de crime (ocultação de identidade) não é minudenciada.

Saliente-se que, aqui, não há lacuna legal, hipótese em que seria possível uma atividade construtiva do juiz, ainda que com as amarras do art. 3º do CPP. Neste caso, há uma clara opção legislativa, que deve ser respeitada pelo magistrado em nome da separação e harmonia entre os poderes (art. 2º da Constituição Federal).

Registre-se que as Leis 9.613/98, 11.343/06 e 13.344/16 nada referem acerca da responsabilidade penal do infiltrado, pelo que se aplica a estas investigações o disposto na Lei 12.850/13, por ser a norma mais genérica, com base no art. 3º do CPP. Se infiltração for virtual, aplicar-se-á o art. 10-C ao caso concreto. Tratando-se de atividade presencial, incide sobre o caso concreto o art. 13 da Lei 12.850/13.

## 3.7. Alteração de registros e cadastros públicos. Falsa cédula de identidade

Até o advento da Lei 13.441/17, não havia, no ordenamento jurídico brasileiro, a previsão para alteração de registros e cadastros públicos, de sorte a fornecer verossimilhança para a cobertura do agente infiltrado. Com a promulgação do referido diploma, o art. 190-D do ECA passou a ostentar a seguinte redação.

> Art. 190-D. Os órgãos de registro e cadastro público poderão incluir nos bancos de dados próprios, mediante procedimento sigiloso e requisição da autoridade judicial, as informações necessárias à efetividade da identidade fictícia criada.
>
> Parágrafo único. O procedimento sigiloso de que trata esta Seção será numerado e tombado em livro específico.

Posteriormente, a Lei Anticrime incluiu o parágrafo único no art. 11 da Lei 12.850/13, com o seguinte conteúdo:

> Art. 11. O requerimento do Ministério Público ou a representação do delegado de polícia para a infiltração de agentes conterão a demonstração da necessidade da medida, o alcance das tarefas dos agentes e, quando possível, os nomes ou apelidos das pessoas investigadas e o local da infiltração.
>
> Parágrafo único. Os órgãos de registro e cadastro público poderão incluir nos bancos de dados próprios, mediante procedimento sigiloso e requisição

da autoridade judicial, as informações necessárias à efetividade da identidade fictícia criada, nos casos de infiltração de agentes na internet.

A partir da Lei 13.964/19, portanto, passou a ser expressamente permitida a alteração de registro ou cadastro público para criação de cobertura inverídica ao agente infiltrado também para as atividades desenvolvidas no âmbito da internet com base na Lei 12.850/13.

Importante salientar, contudo, que as referidas alterações foram expressamente permitida "nos casos de infiltração de agentes na internet". Isto é, ao restringir a alteração de cadastros e registros públicos às hipóteses de infiltração virtual, não há como pleitear a incidência de tal dispositivo à modalidade presencial, pois não há mais lacuna, tal como sustentado em edições desta obra anteriores à Lei Anticrime.

O Legislador, ao expressamente mencionar a "infiltração de agentes na internet" em dispositivo aplicável aos âmbitos virtual e presencial (art. 11), optou claramente por excluir as atividades investigativas ocorridas fora do âmbito da internet. Frise-se, mais uma vez, não ser possível sustentar que o Congresso Nacional tenha lançado mão da locução "na internet" em vão. O magistrado, ao ignorar tal disposição, acabaria por reescrever o texto legal, atentando contra a separação e harmonia entre os poderes.

Do exposto, entende-se ser possível ao magistrado determinar a alteração de registros e cadastros públicos apenas na hipótese de agente virtual. Tal faculdade é viabilizada ao magistrado também nos casos das Leis 9.613/98, 11.343/06 e 13.344/16 pela aplicação do art. 3º do CPP, na modalidade analogia, contanto que se esteja a tratar da infiltração na internet.

Resta questionar, contudo, se seria possível ao agente infiltrado presencial se utilizar de cédula de identidade falsa. Tem-se que a resposta é positiva, desde que haja autorização judicial, pois o uso de ardil é inerente à atividade do policial encoberto. Assim, em havendo necessidade devidamente justificada pela autoridade policial, o magistrado poderá deferir a criação de cédula falsa, autorizando-a dentro dos limites da operação (art. 10 da Lei 12.850/13).

Frise-se que a confecção de cédula falsa não guarda identidade com a alteração de cadastro ou registro público. O último implica na alteração dos bancos de dados, ao passo que a primeira hipótese concretiza-se pela mera criação de um documento de identificação. Assim, nada havendo acerca da elaboração de cédula de identidade falsa, tem-se uma lacuna a ser preenchida pelo magistrado com base na proporcionalidade e da razoabilidade. Gize-se, mais uma vez, que o ardil é inerente à infiltração. Assim, a confecção de cédula falsa, em alguns casos, é consequência natural do deferimento da infiltração. Tal raciocínio é válido para todas as hipóteses de infiltração presencial previstas na legislação nacional.

### 3.8. Agente virtual?

Apesar de, no mundo virtual, ser comum o uso de *alias* ou *nicknames*, pode existir neste a construção de uma nova identidade. Não poderia um policial simular ser uma menina de oito anos, para evitar a prática de pornografia infantojuvenil, sem autorização legal. Afinal, há ação (e não simplesmente omissão) para a construção de um personagem totalmente distinto da realidade. É o mesmo que ocorreria, por exemplo, se uma policial simulasse ser um homem de meia idade interessado em fotos de crianças em poses sensuais, disposto a trocar arquivos com terceiros. Não há mera atividade de observação, mas a construção de uma falsa identidade, ainda que sob um aliás.

Não se está, por certo, a sustentar que inexiste agente à paisana no mundo virtual. Aquele agente que apenas observa um chat público encontra-se à paisana. Entretanto, caso um suspeito busque aproximação e um personagem precisar ser criado, será imprescindível a existência de autorização judicial.

Até a Lei 13.441/17, as regras existentes não versavam expressamente sobre infiltração de agentes no mundo virtual, embora nenhuma impedisse o uso deste meio especial de investigação neste âmbito (WOLFF, 2018, p. 223). Logo, a infiltração de agentes na rede mundial de computadores era possível desde o advento da Lei 10.217/01, sendo, até recentemente, regulada pelas Leis 11.343/06 e 12.850/13.

Tais leis continuaram sendo as aplicáveis para todas as infiltrações virtuais que não se enquadrarem no art. 190-A do ECA, em face ao princípio da especialidade, até o advento da Lei Anticrime. A partir da Lei 13.964/13, a infiltração virtual passou a ser expressamente contemplada em lei para a investigação dos crimes previsto na Lei 12.850/13 e conexos, como se dessume da leitura dos artigos 10-A, 10-B, 10-C e 10-D do último diploma citado.

A infiltração virtual, portanto, encontra-se regida por duas normas: a) Lei 12.850/13 e b) o Estatuto da Criança e do Adolescente (art. 190-A), com as alterações que lhe foram feitas pela Lei 13.441/17. As disposições previstas no art. 190-A e seguintes se aplicam aos arts. 240 , 241 , 241-A , 241-B , 241-C e 241-D do ECA e aos arts. 154-A , 217-A , 218 , 218-A e 218-B do Código Penal. Por sua vez, o art. 10-A se aplica aos delitos previstos no art. 1º da Lei 12.850/13 e conexos.

As disposições da Lei 12.850/13, que é um diploma mais amplo que o ECA, se aplicam também às infiltrações virtuais para investigação dos delitos previstos nas Leis 9.613/98, 11.343/06 e 13.344/16, na forma do art. 3º do CPP, diante de lacuna nas referidas normas.

## 3.9. Do testemunho do agente infiltrado. Força probatória e natureza. Ocultação da identidade durante o julgamento

Primeiramente, é preciso salientar que o agente infiltrado deporá no processo penal como testemunha. O fato de ser policial não enfraquece seu testemunho, pois nenhuma prova no direito brasileiro tem força absoluta e todas devem ser ponderadas com os demais elementos presentes nos autos.

Nesse sentido:

> PENAL - PROCESSUAL PENAL - BUSCA E APREENSÃO DE BENS - ARRESTO E SEQUESTRO (PET 6.599/BA) - PEDIDO DE DEVOLUÇÃO - AUSÊNCIA DE PROVAS - ILAÇÕES POLICIAIS - VALIDADE DA TESTEMUNHA POLICIAL - AGRAVO REGIMENTAL NÃO PROVIDO.
>
> (...)
>
> 5. O policial é agente do Estado, responsável pela segurança pública, legalmente investido no cargo e que tem a seu favor a presunção de legalidade e legitimidade nos atos praticados, o que, longe de desqualificá-lo, torna-o idôneo.
>
> 6. A suspeição de qualquer testemunha deve estar baseada em fatos concretos, não se prestando para tal meras conjecturas.
>
> 7. Agravo regimental não provido.
>
> (STJ, Corte Especial, AgRg na APn .510/BA, Min. Eliana Calmon, DJe 19/08/2010)

Assim, o testemunho tem força relativa, como salienta Luiz Flávio Gomes (2008, p. 267), e só será desconsiderado caso haja contradita, com base em uma das hipóteses de suspeição ou impedimento previstas no Código de Processo Penal.

Pois bem. Caso o agente permaneça sob a identidade inverídica, poderá ele ser contraditado? Não se estaria, com isto, prejudicando o direito de defesa do acusado de forma desproporcional?

Antonio Scarance Fernandes (2008, p. 255) não aceita o testemunho anônimo, de identidade desconhecida, pois este alija o acusado e seu defensor da possibilidade de "apontar fatos que desmereceriam o depoimento", tais como inimizade, vingança e falsidade. O referido autor, contudo, diferencia este do testemunho oculto, no qual "a pessoa não é vista pelo acusado, mas a sua identidade é conhecida".

Em que pesem os ensinamentos trazidos pelo respeitado doutrinador, entende-se que tal alegação não prospera. Primeiramente, porque a relativização do direito de defesa do acusado seria justificada pela própria conduta deste. Isto é, a identidade do agente apenas será preservada nos casos em que há risco concreto à sua incolumidade física. Assim, entender que o agente infiltrado não pode depor seria beneficiar o réu por seu histórico de violência.

Ademais, a possibilidade de contradita não fica totalmente afastada, como faz pretender o autor. Frise-se, nesse sentido, que, no caso da infiltração de agentes, é plenamente possível a contradita, pois se trata de pessoa que não era conhecida dos acusados por seu nome verdadeiro e passou a fazer parte de sua vida já com identidade falsa. Da mesma forma, os acusados poderão, por exemplo, questionar a higidez de seu testemunho se estiver sendo discutida eventual atuação de agente provocador, entre outras hipóteses.

E mais: a relativização do direito de defesa terá como contraprestação o enfraquecimento do depoimento do infiltrado, tal como ocorre em Portugal, em que a sentença condenatória não poderá se fundar "de modo decisivo" em testemunhas cuja identidade não foi relevada (Lei de Proteção às Testemunhas portuguesa, art. 19), como devidamente destacado por Luciana Russo e Sílvio César Arouck Gemaque (2009, p. 297-298). Afinal, não se pode fornecer o mesmo peso a um testemunho anônimo ou oculto e a um plenamente identificável.

Assim, trata-se de medida que implica, na prática, maiores prejuízos ao Estado – devido à perda da eficácia probatória do testemunho do agente – do que ao próprio acusado. Isto porque, para que haja condenação, o depoimento do agente infiltrado deverá estar corroborado em gravações, filmagens, entre outras provas cabais que comprovem as alegações do agente. Lembre-se, neste sentido, que a infiltração de agentes é um meio de obtenção de provas (art. 3º da Lei 12.850/13), e não a prova em si.

Cumpre destacar que, além de proporcional, a ocultação da identidade do agente afigura-se como medida extremamente razoável para que se evite a entrada desnecessária da testemunha e sua família em programas de proteção, os quais são extremamente onerosos para o Estado. Aqui, mais uma vez, a relevância da análise econômica do Direito.

É pela sua proporcionalidade, personalizada na ausência de danos sensíveis à ampla defesa, por sinal, que a ocultação da identidade do agente é aceita como proporcional por várias legislações, como a Lei 101, de Portugal, que dispõe (art. 14):

> 1 – A autoridade judiciária só ordenará a junção ao processo do relato a que se refere o nº 5 do artigo 3º se a reputar absolutamente indispensável em termos probatórios.
>
> 2 – A apreciação da indispensabilidade pode ser remetida para o termo do inquérito ou da instrução, ficando entretanto o expediente, mediante prévio registo, na posse da Polícia Judiciária.
>
> 3 – *Oficiosamente ou a requerimento da Polícia Judiciária, a autoridade judiciária competente pode, mediante decisão fundamentada, autorizar que o agente encoberto que tenha actuado com identidade fictícia ao abrigo do artigo 5º da presente lei preste depoimento sob esta identidade em processo relativo aos factos objecto da sua actuação.*
>
> 4 – No caso de o juiz determinar, por indispensabilidade da prova, a comparência em audiência de julgamento do agente encoberto, observará sempre o disposto na segunda parte do nº 1 do artigo 87º do Código de Processo Penal, sendo igualmente aplicável o disposto na Lei nº 93/99, de 14 de Julho.

No mesmo sentido, podemos elencar a Ley de Enjuiciamento Criminal espanhola (art. 282 bis) e a Ley 27.319/16, da República Argentina, a demonstrar que os princípios gerais de direito universal que inspiraram estas legislações podem ser importados ao caso concreto pelo magistrado brasileiro. Registre-se que a legislação argentina expressamente dispõe que o depoimento do agente com a ocultação de identidade não poderá ser utilizada como prova decisiva para condenação, pelo que deve ser analisada com especial cautela pelo tribunal (art. 8º).

Até 2013, havia uma lacuna legislativa sobre o tema, que restou suprida pelo art. 14 da Lei 12.850:

> Art. 14. São direitos do agente:
>
> (...)
>
> III – ter seu nome, sua qualificação, sua imagem, sua voz e demais informações pessoais preservadas durante a investigação e o processo criminal, salvo se houver decisão judicial em contrário;
>
> IV – não ter sua identidade revelada, nem ser fotografado ou filmado pelos meios de comunicação, sem sua prévia autorização por escrito

O art. 190-E do ECA, incluído pela Lei 13.441/17, também dispôs acerca da preservação da identidade do agente em seu parágrafo único, abaixo elencado:

> Art. 190-E. Concluída a investigação, todos os atos eletrônicos praticados durante a operação deverão ser registrados, gravados, armazenados e encaminhados ao juiz e ao Ministério Público, juntamente com relatório circunstanciado.
>
> Parágrafo único. Os atos eletrônicos registrados citados no caput deste artigo serão reunidos em autos apartados e apensados ao processo criminal juntamente com o inquérito policial, assegurando-se a preservação da identidade do agente policial infiltrado e a intimidade das crianças e dos adolescentes envolvidos.

Idêntica redação foi oferecida pelo art. 10-D da Lei 12.850/13, incluído pela Lei Anticrime:

> Art. 10-D. Concluída a investigação, todos os atos eletrônicos praticados durante a operação deverão ser registrados, gravados, armazenados e encaminhados ao juiz e ao Ministério Público, juntamente com relatório circunstanciado. (Incluído pela Lei nº 13.964, de 2019)
>
> Parágrafo único. Os atos eletrônicos registrados citados no caput deste artigo serão reunidos em autos apartados e apensados ao processo criminal juntamente com o inquérito policial, assegurando-se a preservação da identidade do agente policial infiltrado e a intimidade dos envolvidos. (Incluído pela Lei nº 13.964, de 2019)

Assim, entende-se que, no direito brasileiro, a regra será inclusive a ocultação de identidade, sendo a revelação desta uma circunstância excepcional, a qual deverá devidamente fundamentada pelo juiz, sendo digno de nota que o art. 14, III, da Lei 12.850/13 se aplica a todas as hipóteses cabíveis de infiltração, por força do art. 3º do Código de Processo Penal. Obviamente, ocultada a verdadeira identidade, o testemunho restará com sua força probante bastante diminuída.

Entretanto, é preciso reiterar que o testemunho do agente infiltrado, ao menos no contexto da nossa legislação, tem força probante relativa por natureza. Afinal, a infiltração é meio de obtenção de prova (art. 3º da Lei 12.850/13), e não a prova em si. Logo, a intenção é que o agente traga provas materiais dos fatos que pretende desvelar, ou indique onde estas possam ser localizadas, para inclusive dispensar seu testemunho.

### 3.10. Possibilidade do uso da confissão colhida pelo agente

A legislação brasileira não dispõe sobre eventual confissão colhida pelo agente do acusado, sem a tradicional advertência do direito de permanecer em silêncio, importada do modelo americano (*Miranda Warnings*) e introduzida na Constituição Federal brasileira, em seu art. 5º, LXIII.

Tais lacunas, todavia, podem ser facilmente supridas pela atuação do magistrado, de sorte a tornar o instituto plenamente aplicável. É o que se passa a sustentar.

Primeiramente, contudo, é importante lembrar que apenas a confissão não bastaria para a condenação do acusado, devendo ela ser confrontada "com as demais provas do processo, verificando se entre ela e estas existe compatibilidade ou concordância" (art. 197 do CPP). A confissão, inclusive, não poderia suprir o exame de corpo de delito naquelas infrações que deixam vestígios, como dispõe o art. 158 do Código de Processo Penal. Assim, mesmo que se conclua possível o uso desta, isto não bastaria para a imediata condenação do acusado.

Feita esta ponderação, tem-se que o uso da confissão a agente infiltrado é, sim, possível, como já decidido pelo Supremo Tribunal Federal em caso análogo (interceptação das comunicações telefônicas). Nesse sentido, o voto do Min. Gilmar Ferreira Mendes no julgamento, em 14/06/2010, do *Habeas Corpus* 103.236/ES (Segunda Turma):

> Por outro lado, os direitos e garantias fundamentais não possuem caráter absoluto, na medida em que encontram limites nos demais direitos e garantias igualmente previstas no texto constitucional. Na espécie, ainda que fosse o caso de se entender pela incidência da norma atributiva de direito fundamen-

tal na extensão solicitada, seria também o caso de se observar a clara restrição a este direito fundamental decorrente da colisão com o dever fundamental do Estado de investigar e de garantir a segurança pública.

No mais disso, resta claro que esta eventual colisão já foi resolvida em sede de provimento legislativo, uma vez que a própria existência da Lei 9.296/96, de constitucionalidade tantas vezes afirmada, é a expressão da resolução desta colisão, ou, dito de outro modo, é o suporte legal para atos sempre necessários de ponderação de direitos e valores em choque.

De fato, além de frisar a tão afirmada inexistência de direitos absolutos, o que já é tranquilo na jurisprudência do Supremo Tribunal Federal, o conteúdo do referido acórdão foi muito rico ao pontuar a não-incidência da garantia constitucional no caso em concreto, como outrora já afirmou a Suprema Corte dos Estados Unidos (Guariglia, 2010).

Em *Illinois vs. Perkins*, 496 U.S. 292 (1990), a Suprema Corte Americana entendeu que um policial infiltrado simulando ser um detento para buscar informações sobre seu companheiro de cela não precisaria adverti-lo do seu direito de permanecer calado. Isto porque não estariam presentes as preocupações que ensejaram a criação deste direito, tais como uma atmosfera eminentemente policial (*police-dominated atmosphere*) e os riscos de coerção dela decorrentes.

Registre-se que a possibilidade de coação é questão central na necessidade ou não de advertir o investigado acerca do direito de não produzir prova contra si mesmo, como reafirmado pela Quinta Turma do STJ, por ocasião da análise sobre a possibilidade de examinar DNA em material descartado, como se passa a expor:

> HABEAS CORPUS SUBSTITUTIVO DE RECURSO ORDINÁRIO. HOMICÍDIO TRIPLAMENTE QUALIFICADO, EXTORSÃO E ESTUPRO. OCULTAÇÃO DE CADÁVER (ACOBERTADO PELA PRESCRIÇÃO). EXAME DE DNA EM MATERIAL DESCARTADO (COPO E COLHER DE PLÁSTICO, UTILIZADOS E DISPENSADOS PELO PACIENTE). VIOLAÇÃO DA INTIMIDADE. NÃO OCORRÊNCIA. OBJETO EXAMINADO (SALIVA) FORA DO CORPO ÍNTIMO. PARTE DESINTEGRADA DO CORPO HUMANO. VIOLAÇÃO AO DIREITO DA NÃO AUTOINCRIMINAÇÃO (NEMO TENETUR SE DETEGERE). INEXISTÊNCIA. DOUTRINA E PRECEDENTE DO STF. AUSÊNCIA DE CONSTRANGIMENTO ILEGAL. HABEAS CORPUS NÃO CONHECIDO.

1. A jurisprudência da Terceira Seção do Superior Tribunal de Justiça, na esteira da diretriz predominante no Supremo Tribunal Federal, firmou orientação no sentido de não admitir a impetração de habeas corpus em substituição ao recurso adequado, situação que provoca o não-conhecimento da impetração, ressalvados casos excepcionais em que, configurada flagrante ilegalidade apta a gerar constrangimento ilegal, seja possível a concessão da ordem de ofício (HC 323.409/RJ, Rel. p/ Acórdão Ministro FELIX FISCHER, TERCEIRA SEÇÃO, julgado em 28/02/2018, DJe 08/03/2018).

2. A Constituição Federal proclama em seu art. 5º, X, que são invioláveis a intimidade, a vida privada, a honra e a imagem das pessoas, assegurado o direito à indenização pelo dano material ou moral decorrente de sua violação.

3. De outra parte, o direito do investigado ou do acusado de não produzir provas contra si foi positivado pela Constituição da República no rol petrificado dos direitos e garantias individuais (art. 5º, inciso LXIII). Nessa linha de raciocínio, o Constituinte originário, ao editar tal regra, "nada mais fez senão consagrar, desta vez no âmbito do sistema normativo instaurado pela Carta da República de 1988, diretriz fundamental proclamada, desde 1791, pela Quinta Emenda [à Constituição dos Estados Unidos da América], que compõe o "Bill of Rights" norte-americano" (STF, HC 94.082-MC/RS, Rel. Min. CELSO DE MELLO, DJ de 25/03/2008).

4. O princípio nemo tenetur se detegere, expressamente reconhecido também no Pacto de San José da Costa Rica – promulgado pelo Decreto n. 678, de 1992 –, art. 8º, 2, g, serve para neutralizar os arbítrios contra a dignidade da pessoa humana eventualmente perpetrados pela atividade estatal de persecução penal. Protege os acusados ou suspeitos de possíveis violências físicas e morais empregadas pelo agente estatal na coação em cooperar com a investigação criminal (REsp 1677380/RS, Rel. Ministro HERMAN BENJAMIN, SEGUNDA TURMA, julgado em 10/10/2017, DJe 16/10/2017).

5. No caso, entretanto, não há que falar em violação à intimidade já que o investigado, no momento em que dispensou o copo e a colher de plástico por ele utilizados em uma refeição, deixou de ter o controle sobre o que outrora lhe pertencia (saliva que estava em seu corpo).

6. Também inexiste violação do direito à não autoincriminação, pois, embora o investigado, no primeiro momento, tenha se recusado a ceder o material genético para análise, o exame do DNA foi realizado sem violência moral ou física, utilizando-se de material descartado pelo paciente, o que afasta o apontado constrangimento ilegal. Precedentes.

7. Partes desintegradas do corpo humano: não há, nesse caso, nenhum obstáculo para sua apreensão e verificação (ou análise ou exame). São partes do corpo humano (vivo) que já não pertencem a ele. Logo, todas podem ser apreendidas e submetidas a exame normalmente, sem nenhum tipo de consentimento do agente ou da vítima. O caso Roberta Jamile (o delegado se valeu, para o exame do DNA, da saliva dela que se achava nos cigarros fumados e jogados fora por ela) assim como o caso Glória Trevi (havia suspeita de que essa cantora mexicana, que ficou grávida, tinha sido estuprada dentro do presídio; aguardou-se o nascimento do filho e o DNA foi feito utilizando-se a placenta desintegrada do corpo dela) são emblemáticos: a prova foi colhida (obtida) em ambos os casos de forma absolutamente lícita (legítima) (cf. Castanho Carvalho e, quanto ao último caso, STF, Recl. 2.040-DF, Rel. Min. Néri da Silveira, j. 21.02.02) – texto do Prof. Rogério Sanches Cunha – Processo Penal I – v. 10.

8. Habeas corpus não conhecido.

(HC 354.068/MG, Rel. Ministro REYNALDO SOARES DA FONSECA, QUINTA TURMA, julgado em 13/03/2018, DJe 21/03/2018)

Portanto, não existem óbices a que o magistrado permita que o agente infiltrado questione os investigados sobre os fatos que pretende esclarecer, porque não estará vulnerando nenhum direito constitucional. Reitere-se que eventual confissão não poderá sustentar uma condenação, tendo em vista que deverá ser corroborada por outros meios de prova presentes nos autos.

## 3.11. Da obrigatoriedade do agente se infiltrar

Afigura-se claro que um agente não poderia ser obrigado a se infiltrar. Afinal, trata-se de medida que implicará grandes riscos para a ele e sua família, além de inquestionáveis prejuízos ao convívio com seus entes queridos, como contado por Joseph Pistone (2009) e Roberto Mazur (2010) em obras em que narraram suas experiências como infiltrados.

A existência de riscos à vida do agente e de sua família é evidente, visto que, como a atividade criminosa pode envolver grandes somas de dinheiro, será proporcional a irresignação dos acusados com a conduta do agente. Da mesma forma, justamente em virtude da necessidade de proteger sua família, é que o agente deverá retornar raramente a sua casa, como forma de evitar que seja acompanhado, bem como que seja descoberta sua verdadeira identidade.

É, portanto, uma questão de proporcionalidade concluir que ninguém pode ser compelido a se infiltrar, o que é corroborado por previsões na legislação estrangeira. Nesse sentido, a Lei 101 da República Portuguesa, é clara ao dispor no art. 3º, item 2, que "ninguém pode ser obrigado a participar em acção encoberta".

Não se trata, por sinal, de posicionamento legislativo isolado. Afinal, a Ley de Enjuiciamento Criminal espanhola também dispõe que "nenhum funcionário da Polícia Judicial poderá ser obrigado a atuar como agente encoberto" (livre tradução do item 2 do art. 282, bis).

Embora não houvesse nenhum regramento no ordenamento nacional até a Lei 12.850/13, esta consagrou a possibilidade de recusa *ou cessação* de atuação, o que é altamente relevante. Afinal, o agente também poderá desistir livremente, caso não entenda ser a atividade perigosa.

> Art. 14. São direitos do agente:
> I – recusar ou fazer cessar a atuação infiltrada;
> (...)

As Leis 9.613/98, 11.343/06, 13.344/16 e o Estatuto da Criança e do Adolescente não contém disposições sobre o assunto, pelo que se aplica a estes diplomas o disposto na Lei 12.850/13 com base no art. 3º do CPP e também no princípio da proporcionalidade, por todo o exposto acima.

## 3.12. Deferimento de gravações ambientais e uso de escuta pelo agente

As normas que tratam da matéria nada mencionam sobre a realização de gravações ambientais e sobre o uso de escutas.

Contudo, segundo Marcelo Mendroni (2009, p. 111), o mandado judicial delimitará as atividades do agente no seio da organização criminosa, devendo autorizar expressamente que o agente, "sendo favoráveis as condições e sem risco pessoal, apreenda documentos de qualquer natureza, desde papéis a arquivos magnéticos; e, dispondo de equipamentos correspondentes, realize filmagens, fotografias e escutas, ambientais e telefônicas".

Assiste razão ao mencionado autor, porquanto a autorização judicial assegurará a validade para as gravações e filmagens feitas pelo agente, sem o conhecimento dos acusados, as quais são imprescindíveis para eventual condenação. Lembre-se, neste sentido, que a infiltração é meio de obtenção de provas (art. 3º da Lei 12.850/13).

Em síntese, é extremamente temerário, do ponto de vista probatório, que uma acusação se baseie apenas no depoimento do infiltrado, o qual deve, portanto, ser acompanhado das respectivas gravações e filmagens em sua íntegra, a fim de não deixar dúvidas sobre o contexto nos quais as declarações ou atos foram praticados.

Frise-se que o art. 2º, IV, da Lei 9.034/95 permitia "a captação e a interceptação ambiental de sinais eletromagnéticos, óticos ou acústicos, e o seu registro e análise, mediante circunstanciada autorização judicial".

Posteriormente, o art. 3º da Lei 12.850/13 reiterou tal disposição, *sem a menção à necessidade de autorização judicial:*

> Art. 3º Em qualquer fase da persecução penal, serão permitidos, sem prejuízo de outros já previstos em lei, os seguintes meios de obtenção da prova:
>
> (...)
>
> II – captação ambiental de sinais eletromagnéticos, ópticos ou acústicos;

O silêncio legislativo fez com que fosse sustentado, na últimas edição desta obra, que não seria necessária a autorização judicial para a captação ambiental, a menos que fosse necessário o ingresso em residência, nos termos do art. 5º, XI, da Constituição. De fato, havia precedentes de longa data que dispensavam a autorização judicial para gravações realizadas em local público (STF, HC 74356, Primeira Turma, Min. Octavio Galotti, julgado em 10.12.1996) ou mesmo para gravações realizadas pelo próprio interlocutor (STF, 2ª Turma, RE 402717, Min. Cezar Peluso, Dje 02.12.2008). Assim, aparentemente o silêncio do Legislador no tocante à necessidade de autorização judicial apenas corroborava o entendimento jurisprudencial.

Recentemente, a Lei Anticrime alterou tal panorama, ao disciplinar a captação ambiental de forma minudente. Os novos dispositivos se aplicam à Lei 12.850/13, por força do art. 3º do CPP, considerando-se que a Lei das Organizações Criminosas apenas aventou a possibilidade da captação ambiental, sem dispor sobre o seu procedimento.

Como se percebe da análise do art. 8º-A, inserido pela Lei 13.964/19 na Lei das Interceptações Telefônicas (Lei 9.296/96), a captação imprescinde de autorização judicial, o que encerra o debate acerca da necessidade de expressa permissão do juiz para o uso de escutas pelo infiltrado.

Veja-se, neste sentido, o teor dos mencionados dispositivos:

> Art. 8º-A. Para investigação ou instrução criminal, poderá ser autorizada pelo juiz, a requerimento da autoridade policial ou do Ministério Público, a captação ambiental de sinais eletromagnéticos, ópticos ou acústicos, quando:
>
> I – a prova não puder ser feita por outros meios disponíveis e igualmente eficazes; e
>
> II – houver elementos probatórios razoáveis de autoria e participação em infrações criminais cujas penas máximas sejam superiores a 4 (quatro) anos ou em infrações penais conexas.
>
> § 1º O requerimento deverá descrever circunstanciadamente o local e a forma de instalação do dispositivo de captação ambiental.
>
> § 2º A instalação do dispositivo de captação ambiental poderá ser realizada, quando necessária, por meio de operação policial disfarçada ou no período noturno, exceto na casa, nos termos do inciso XI do caput do art. 5º da Constituição Federal.
>
> § 3º A captação ambiental não poderá exceder o prazo de 15 (quinze) dias, renovável por decisão judicial por iguais períodos, se comprovada a indispensabilidade do meio de prova e quando presente atividade criminal permanente, habitual ou continuada.
>
> § 4º A captação ambiental feita por um dos interlocutores sem o prévio conhecimento da autoridade policial ou do Ministério Público poderá ser utilizada, em matéria de defesa, quando demonstrada a integridade da gravação.
>
> § 5º Aplicam-se subsidiariamente à captação ambiental as regras previstas na legislação específica para a interceptação telefônica e telemática.

Da leitura do texto legal, percebe-se que o magistrado, diante da representação policial ou de requerimento do Ministério Público, poderá autorizar a medida, desde que presentes os requisitos dos incisos I e II do art. 8-A: a) impossibilidade da prova ser colhida através de "outros meios disponíveis e igualmente eficazes"; b) existência de "elementos probatórios razoáveis de autoria e participação em infrações criminais cujas penas máximas sejam superiores a 4 (quatro) anos ou em infrações penais conexas".

Atente-se para o fato de que os crimes abrangidos pelo inciso II do art. 8-A são mais restritos que os contemplados pelo art. 1º da Lei 12.850/13. Assim, ainda que possa ser deferida infiltração de agentes para investigar infrações com penas máximas inferiores a quatro anos, desde que se trate de infração transnacional que o Brasil se obrigou em pacto internacional a erradicar, o mesmo raciocínio não pode ser feito no tocante às captações ambientais, que exigem investigação acerca de delitos com penas máximas superiores a quatro anos ou de infrações penais conexas.

Nos termos do § 2º do art. 8-A, permitiu-se a instalação do dispositivo de captação por operação disfarçada ou no período noturno, desde que não se trate de residência, o que está de acordo com o art. 5º, XI, da Constituição Federal. No que pertine ao prazo, dispõe o § 3º do art. 8º-A que a captação não poderá exceder 15 dias, sendo possível a renovação por iguais períodos, "se comprovada a indispensabilidade do meio de prova e quando presente atividade criminal permanente, habitual ou continuada".

A autorização judicial é imprescindível mesmo para a captação ambiental feita pelo próprio agente. Afinal, segundo dispõe o § 4º do art. 8-A, a gravação feita por um dos interlocutores "sem o prévio conhecimento da autoridade policial ou do Ministério Público" e, portanto, sem autorização judicial, apenas poderá ser aceita para fins defensivos, se demonstrada a integralidade da gravação. Assim, como a infiltração pretende obter prova para a acusação, não há dúvidas no sentido de que a captação ambiental demanda autorização judicial específica, presentes os requisitos do art. 8º-A da Lei 9.296/96, mesmo quando realizada pelo próprio agente. Registre-se que o fato da captação realizada pelo interlocutor não ser considerada um crime (art. 10-A, § 1º, da Lei 9.296/96) não torna a prova lícita diante do disposto no art. 8-A do mesmo diploma.

## 3.13. Obrigação no tocante à realização de relatórios

Em regra, o contraditório em sede de processo penal é imediato e prévio a qualquer decisão judicial. Excepcionalmente, contudo, ele pode ser diferido. É o que acontece na hipótese da necessidade excepcional de infiltração de agentes, em que não faria sentido ouvir a parte investigada antes do deferimento da medida, sob pena de sua total inutilidade.

Logo, diante da gravidade da conduta que se está investigando, o juiz poderá cautelarmente deferir a prova, permitindo que o contraditório seja posterior, isto é, que o investigado se manifeste sobre a produção da prova após a sua realização, mas sempre antes da sentença judicial.

Veja-se que, neste caso, não se pode concluir que inexiste o contraditório, mas apenas que este é diferido. Afinal, a parte interessada poderá se manifestar antes da decisão final do processo, tendo acesso a toda prova produzida, sob pena de nulidade.

Consequência lógica disto, contudo, é a obrigação de todos os detalhes da investigação serem devidamente documentados, de modo a viabilizar a adequada defesa por parte dos investigados. O acusado deverá ter acesso a todos os relatórios realizados pelo agente, bem como à íntegra de todas as suas gravações ou filmagens.

Veja-se, nesse sentido, que a atividade do agente deve ser constantemente retratada em relatórios periódicos, os quais deverão ser posteriormente acostados aos autos do processo penal. Em tais documentos, o agente deverá minudenciar os detalhes da sua rotina como infiltrado, descrevendo e identificando as pessoas com quem teve contato e suas funções na organização alvo da investigação, sob pena de ofensa ao contraditório.

Por certo, será igualmente através da leitura dos relatórios que se poderá dimensionar a evolução da infiltração, de sorte a verificar se o agente atendeu aos limites fixados na decisão que deferiu a realização de tal meio de investigação.

Desse modo, os relatórios serão uma forma de fiscalização da atividade do próprio agente, e, portanto, da lisura da atividade policial na colheita de provas. Não é por outra razão que a Lei 12.850/13, primeiro diploma a tratar da gestão documental na infiltração de agentes, expressamente determinou a apresentação de relatórios circunstanciados de forma periódica, ou sempre que interessar ao Delegado ou ao Ministério Público.

> Art. 10. A infiltração de agentes de polícia em tarefas de investigação, representada pelo delegado de polícia ou requerida pelo Ministério Público, após manifestação técnica do delegado de polícia quando solicitada no curso de inquérito policial, será precedida de circunstanciada, motivada e sigilosa autorização judicial, que estabelecerá seus limites.
>
> (...)
>
> § 4º Findo o prazo previsto no § 3º, o relatório circunstanciado será apresentado ao juiz competente, que imediatamente cientificará o Ministério Público.
>
> § 5º No curso do inquérito policial, o delegado de polícia poderá determinar aos seus agentes, e o Ministério Público poderá requisitar, a qualquer tempo, relatório da atividade de infiltração.

O Estatuto da Criança e do Adolescente, a partir do advento da Lei 13.441/17, também passou a exigir o envio de relatórios circunstanciados, nos termos da leitura conjugada dos artigos 190-B e 190-E:

> Art. 190-B. As informações da operação de infiltração serão encaminhadas diretamente ao juiz responsável pela autorização da medida, que zelará por seu sigilo.
>
> Parágrafo único. Antes da conclusão da operação, o acesso aos autos será reservado ao juiz, ao Ministério Público e ao delegado de polícia responsável pela operação, com o objetivo de garantir o sigilo das investigações.
>
> (...)
>
> Art. 190-E. Concluída a investigação, todos os atos eletrônicos praticados durante a operação deverão ser registrados, gravados, armazenados e encaminhados ao juiz e ao Ministério Público, juntamente com relatório circunstanciado.
>
> Parágrafo único. Os atos eletrônicos registrados citados no caput deste artigo serão reunidos em autos apartados e apensados ao processo criminal juntamente com o inquérito policial, assegurando-se a preservação da identidade do agente policial infiltrado e a intimidade das crianças e dos adolescentes envolvidos.

Ao tratar da infiltração virtual no âmbito da Lei 12.850/13, a Lei Anticrime também foi expressa ao sinalizar a relevância da documentação do trabalho do infiltrado, como se percebe dos trechos abaixo elencados:

> Art. 10-A. Será admitida a ação de agentes de polícia infiltrados virtuais, obedecidos os requisitos do caput do art. 10, na internet, com o fim de investigar os crimes previstos nesta Lei e a eles conexos, praticados por organizações criminosas, desde que demonstrada sua necessidade e indicados o alcance das tarefas dos policiais, os nomes ou apelidos das pessoas investigadas e, quando possível, os dados de conexão ou cadastrais que permitam a identificação dessas pessoas. (Incluído pela Lei nº 13.964, de 2019)
>
> (...)
>
> § 5º Findo o prazo previsto no § 4º deste artigo, o relatório circunstanciado, juntamente com todos os atos eletrônicos praticados durante a operação, deverão ser registrados, gravados, armazenados e apresentados ao juiz competente, que imediatamente cientificará o Ministério Público. (Incluído pela Lei nº 13.964, de 2019)
>
> § 6º No curso do inquérito policial, o delegado de polícia poderá determinar aos seus agentes, e o Ministério Público e o juiz competente poderão requisitar, a qualquer tempo, relatório da atividade de infiltração.
>
> (...)

> Art. 10-D. Concluída a investigação, todos os atos eletrônicos praticados durante a operação deverão ser registrados, gravados, armazenados e encaminhados ao juiz e ao Ministério Público, juntamente com relatório circunstanciado. (Incluído pela Lei nº 13.964, de 2019)
>
> Parágrafo único. Os atos eletrônicos registrados citados no caput deste artigo serão reunidos em autos apartados e apensados ao processo criminal juntamente com o inquérito policial, assegurando-se a preservação da identidade do agente policial infiltrado e a intimidade dos envolvidos. (Incluído pela Lei nº 13.964, de 2019)

Por fim, não há dúvidas de que a infiltração realizada com base nas Leis 9.613/98, 11.343/06 ou 13.344/16 também deverá apresentar relatórios circunstanciados diante do direito ao contraditório, utilizando-se, por analogia, da Lei 12.850/13, por ser a mais genérica, com base no art. 3º do CPP.

### 3.14. Magistrado. Exigência de garantias da Administração

Da leitura dos últimos tópicos, exsurge o fato de que a infiltração de agentes demanda a existência de investimento do setor público, tanto no treinamento e proteção do agente, como na compra de equipamentos correspondentes.

Em que pese não haja dispositivo neste sentido, tem-se que ao juiz cumpre resguardar não só o respeito aos direitos fundamentais dos acusados, como os do próprio agente. Da mesma forma, incumbe-lhe garantir que os riscos que ele corre sejam correspondidos por uma possibilidade de obtenção de prova útil no processo penal.

Dessa forma, deve o magistrado exigir da Administração Pública a utilização de agente com o devido treinamento, bem como que lhe sejam assegurados meios de proteção, tais como a mudança de identidade e a possibilidade de posterior acolhimento em Programa de Proteção às Testemunhas, tal como previsto no art. 14 da Lei 12.850/13:

> Art. 14. São direitos do agente:
>
> (...)
>
> II – ter sua identidade alterada, aplicando-se, no que couber, o disposto no art. 9º da Lei nº 9.807, de 13 de julho de 1999, bem como usufruir das medidas de proteção a testemunhas;
>
> (...)

Da mesma forma, acredita-se que a infiltração só deve ser deferida se o Estado tiver a possibilidade de produzir filmagens e gravações, sem colocar em risco a segurança do agente. Isto porque, como antes dito, a infiltração é meio de obtenção de provas (art. 3º da Lei 12.850/13). Logo, compete ao magistrado verificar se as forças policiais possuem os equipamentos necessários para levar a cabo a atividade. Afinal, não se poderia colocar em risco a vida de um agente em vão.

A função do juiz, pois, é extremamente importante, não só para evitar a banalização do uso da infiltração, mas também como forma de impedir o seu uso de forma pouco produtiva.

### 3.15. Infiltração pelo particular

Pergunta-se, agora, se o particular pode ser infiltrado. A resposta é negativa.

Primeiramente, porque aqui não há lacuna. As normas pertinentes deixam claro que só poderá se infiltrar o agente de polícia, não havendo, portanto, espaço para criatividade judicial neste ponto.

Anteriormente, a Lei 9.034/95 (art. 2º, V), revogada pela Lei 12.850/13, tratava de infiltração por agentes de polícia ou inteligência, o que gerou certa polêmica. Atualmente, contudo, a redação de todos dispositivos vigentes deixa claro que não existe espaço para infiltração por agente de inteligência, mas apenas por policiais.

Ressalte-se que as três normas mencionam agentes de polícia, o que abrange agentes de todas as instituições policiais previstas no art. 144 da Constituição Federal. Frise-se que, recentemente, a Emenda Constitucional n. 104 incluiu no âmbito do referido artigo as "polícias penais federal, estaduais e distrital" (art. 144, IV, CF). O advento de tal norma deixa claro que tais entidades também exercem atividade policial, o que implica na possibilidade de seus agentes se infiltrarem no contexto de investigações no âmbito prisional, com a devida autorização judicial, é claro.

Assim, a infiltração é ato privativo de policial, vedada a atuação do particular.

| Lei 11.343/06 | Lei 12.850/13 | ECA |
|---|---|---|
| Art. 53. Em qualquer fase da persecução criminal relativa aos crimes previstos nesta Lei, são permitidos, além dos previstos em lei, mediante autorização judicial e ouvido o Ministério Público, os seguintes procedimentos investigatórios:<br>I – a infiltração **por agentes de polícia**, em tarefas de investigação, constituída pelos órgãos especializados pertinentes; | Art. 10. A infiltração de **agentes de polícia** em tarefas de investigação, representada pelo delegado de polícia ou requerida pelo Ministério Público, após manifestação técnica do delegado de polícia quando solicitada no curso de inquérito policial, será precedida de circunstanciada, motivada e sigilosa autorização judicial, que estabelecerá seus limites.<br>(...)<br>Art. 10-A. Será admitida a ação de **agentes de polícia infiltrados virtuais**, obedecidos os requisitos do caput do art. 10, na internet, com o fim de investigar os crimes previstos nesta Lei e a eles conexos, praticados por organizações criminosas, desde que demonstrada sua necessidade e indicados o alcance das tarefas dos policiais, os nomes ou apelidos das pessoas investigadas e, quando possível, os dados de conexão ou cadastrais que permitam a identificação dessas pessoas. | Art. 190-A. A infiltração de **agentes de polícia** na internet com o fim de investigar os crimes previstos nos arts. 240, 241, 241-A, 241-B, 241-C e 241-D desta Lei e nos arts. 154-A, 217-A, 218, 218-A e 218-B do Decreto-Lei nº 2.848, de 7 de dezembro de 1940 (Código Penal), obedecerá às seguintes regras: (Incluído pela Lei nº 13.441, de 2017) |

## 3.16. O que o juiz não pode suprir...

Apesar da convicção acima exteriorizada, no sentido da legitimidade do magistrado para preencher as lacunas da lei, a evolução do presente instituto demanda o reconhecimento de alguns pontos sensíveis, que não podem ser solvidos pela criatividade judicial.

Neste sentido, elenca-se a necessidade de investir financeiramente neste meio especial de investigação.

Há muito que, no Brasil, a evolução legislativa não vem acompanhada do devido planejamento orçamentário e organizacional. Assim, embora o legislador tenha contemplado a infiltração de agentes, não é por "passe de mágica" que surgirão unidades específicas, devidamente treinadas e dotadas de equipamentos de última geração para levar a cabo tais operações.

Isto é, a carência de discussão jurisprudencial no tocante a este tema, que poderia ser reflexo de uma redação "lacunosa" (Jesus; Bechara, 2005) da nossa legislação, deve-se, em maior grau, à deficiência estrutural de nossos órgãos de persecução penal, os quais são pública e notoriamente desprovidos dos recursos mínimos para o exercício de suas funções, tanto no aspecto de recursos humanos, como estruturais.

Tal conclusão acabou corroborada pelo advento da Lei 12.850/13, que reduziu o número de lacunas em nosso ordenamento, mas não tornou a infiltração um meio de investigação cotidiano nos debates jurisprudencial.

Em verdade, as condições para que um policial aceite o desafio são absolutamente adversas. Além da carência de um efetivo sistema de proteção às testemunhas, não há, no Brasil, uma proteção previdenciária como a existente na Argentina, que permite a opção pela aposentadoria com vencimentos de dois graus acima do ostentado pelo policial, independentemente do tempo de serviço, na hipótese da existência de risco (art. 12 da Ley 27.319).

Ademais, não existe suporte legislativo adequado para a remuneração do serviço extraordinário (horas extras), o qual é limitado a, no máximo, 2 (duas) horas por dia na seara federal, nos termos dos artigos 72 e 73 da Lei 8.112/90, o que se afigura insuficiente, mormente diante dos relatos que demonstram a existência de operações que duram meses, como retratado na obra de Giorgio Sturlese Tosi (2010).

Por óbvio, pelo sigilo que envolve a matéria, não se poderia fornecer uma estatística sobre o número de policiais treinados ou operações infiltradas em andamento. Todavia, a escassez jurisprudencial sobre o assunto é prova inconteste de que se trata de matéria que não vem sendo debatida nos Tribunais por falta de oportunidade, a qual deve ser fruto da carência estrutural dos nossos corpos de persecução penal.

Enfatize-se que, no tocante aos itens acima apontados, o magistrado nada pode construir, pois não é sua função administrar o orçamento, nem modificar a legislação estatutária ou previdenciária.

## CONCLUSÃO

1. A infiltração de agentes é um meio especial de investigação que ostenta legitimidade constitucional e moral, a qual é corroborada pelos efeitos nocivos do crime organizado e das demais hipóteses de incidência deste meio especial de investigação.
2. No Brasil, a infiltração de agentes pode ser deferida mediante ordem judicial, nos casos previstos nas Leis 9.613/98, 11.343/06, 12.850/13 ou 13.344/16, bem como na hipótese contemplada pelo Estatuto da Criança e do Adolescente, com a redação que lhe foi ofertada pela Lei 13.441/17.
3. As normas brasileiras, anteriormente à Lei 12.850/13, ostentavam lacunas relevantes, porquanto não tratavam de vários aspectos importantes, como conceito de agente infiltrado, requisitos, legitimidade, tempo de duração, bem como sobre os limites da atuação do agente infiltrado e da possibilidade deste cometer delitos.
4. Em que pese a Lei 12.850/13 tenha sanado inúmeras lacunas, permaneceram, por exemplo, vazios legislativos altamente relevantes, como o conceito de agente infiltrado e os limites da atuação deste, incluindo aqui o debate acerca das hipóteses nas quais o agente poderia cometer delitos.
5. A existência destas lacunas poderia dificultar a aplicação da infiltração, caso o juiz não fosse juridicamente apto a suprir tais vazios legislativos, o que demonstra que este meio de obtenção de prova já era plenamente implementável desde o seu ingresso no ordenamento.
6. A análise histórica da atividade judicial comprova que é inerente à função um certo grau de criatividade, visto que o direito não se resume à lei, a qual, de qualquer forma, jamais teria como prever toda a riqueza que o cotidiano ostenta.

7. As relações entre o direito e a moral, comprovada pela intensa principiologia que caracteriza o constitucionalismo moderno, é mais um elemento a comprovar a importância da argumentação jurídica e da Filosofia do Direito no mundo atual, a demonstrar a relevância da função judicial.
8. A fundamentação jurídica, em virtude disto, é uma das mais importantes obrigações éticas do magistrado, até como forma de garantir a sua imparcialidade e independência.
9. A função integrativa do juiz restou acolhida pelo Código de Processo Penal, que expressamente incumbiu o magistrado de suprir as lacunas da lei, nos termos do seu art. 3º.
10. O silêncio do legislador, no caso da infiltração de agentes, antes da Lei 12.850/13, foi consciente, pois incumbiu o magistrado de suprir as lacunas da lei com base no caso concreto, como lhe permite o ordenamento, sempre ponderando a proporcionalidade da medida.
11. A existência de lacunas mesmo no período posterior à Lei 12.850/13 é igualmente legítima, pois o cotidiano é rico demais para ser previsto *numerus clausus* pelo Congresso Nacional.
12. A riqueza do dia-a-dia forense é justamente o que torna ingênua qualquer sustentação no sentido de tentar eliminar totalmente a atividade criativa do juiz. O fato das lacunas mais complexas serem justamente as que não foram sanadas comprova esta tese.
13. Agente infiltrado é aquele policial que, ocultando sua verdadeira identidade e função através do uso de identidade fictícia, aproxima-se de suspeitos da prática de determinados crimes para fazer prova da sua ocorrência.
14. É figura distinta do agente a paisana ou disfarçado, que além de atuar passivamente, não pratica ardil.
15. O uso do ardil justifica que o agente infiltrado imprescinda de autorização judicial, bem como que o agente disfarçado prescinda.
16. O agente infiltrado terá sua atividade delimitada pela ordem judicial e não poderá atuar como agente provocador, de sorte a ocasionar flagrante preparado.
17. O agente infiltrado, de regra, não poderá praticar crimes contra a vida, incolumidade física, liberdade sexual ou mesmo qualquer outro que não guarde proporcionalidade com a investigação.

18. No caso da infiltração prevista no art. 190-A e seguintes do Estatuto da Criança e do Adolescente, bem como nas infiltrações virtuais da Lei 12.850/13, a lei autorizou ao agente apenas a prática do falso. Tal lapso deve ser consertado pelo legislador no prazo mais breve possível, pelo evidente prejuízo à importantes investigações. Frise-se que, neste caso, não há lacuna a ser suprida pelo magistrado, pelo que a ampliação dos delitos que poderiam ser praticados pelo agente representaria ofensa ao princípio da independência e harmonia entre os Poderes, previsto no art. 2º da Constituição Federal.
19. No caso da Lei 13.441/17 e suas alterações ao ECA, bem como das infiltrações virtuais na Lei 12.850/13, afigurar-se-ia mais razoável que o legislador não tivesse tratado dos limites e do tempo de duração da infiltração, pois isto implicaria no uso da mesma regulamentação da Lei 12.850/13, trazendo uma aplicação mais uniforme ao instituto da infiltração de agente.
20. Há lacunas, por fim, que não podem ser preenchidas pelo juiz, tais como a proteção estatutária e previdenciária ao infiltrado, que não possui previsão legal apta a garantir-lhe remuneração adequada em virtude do trabalho extraordinário ou mesmo uma eventual aposentadoria precoce, como ocorre no ordenamento argentino.
21. O magistrado também não pode assegurar que as forças policiais tenham a estrutura operacional adequada, nem mesmo agentes treinados, embora possa exigir certas garantias antes de deferir uma operação.
22. Os últimos itens são, enfim, os principais responsáveis pela pouca utilização no Brasil, até os dias de hoje, deste meio de prova, o qual, contudo, sempre foi e segue plenamente aplicável sob o ponto de vista jurídico.

# REFERÊNCIAS


ADRIASOLA, Gabriel; DÍAZ, Jorge e VILLEGAS, Álvaro. *Crimen Organizado y Lavado de Dinero*. Montevideo: Carlos Alvarez Editor, 2010.

ALEXY, Robert. *Direito, Razão e Discurso – Estudos para a Filosofia do Direito*. Tradução de Luís Afonso Heck. Porto Alegre: Livraria do Advogado, 2010.

ALMEIDA, Ricardo Vital de. **Exclusão da responsabilidade penal do agente infiltrado pelos delitos praticados como consequência necessária da missão de infiltração.** *Segurança pública & cidadania: revista da Academia Nacional de Policia*, Brasília, v. 1, n. 1, p.13-37, jan./jul. 2008.

AQUINO, José Carlos Gonçalves Xavier de; NALINI, José Renato. *Manual de Processo Penal*. 3ª edição rev. atual. ampl. São Paulo: Editora RT, 2010.

ATIENZA, Manuel; VIGO, Rodolfo Luís. *Código Ibero-americano de ética judicial*. Apresentação da edição brasileira por Ari Pargendler. Brasília: CJF, 2008.

ARGENTINA. *Ley 23.737/1989*. Disponível em: <http://www.infoleg.gov.ar/infolegInternet/anexos/0-4999/138/texact.htm>. Acesso em: 28 jun. 2010.

ARGENTINA. *Ley 27.319/16*. Disponível em: <http://servicios.infoleg.gob.ar/infolegInternet/anexos/265000-269999/268004/norma.htm>. Acesso em: 08 jun. 2018.

AZEVEDO, Plauto Faraco. *Aplicação do Direito e Contexto Social*. 2ª edição. São Paulo: Revista dos Tribunais, 2000.

BALTAZAR JÚNIOR, José Paulo. *Crimes Federais*. 6ª ed. rev. atual. Porto Alegre: Livraria do Advogado, 2010.

__________. *Crime Organizado e Proibição da Insuficiência*. Porto Alegre, Livraria do Advogado, 2010.

BARRETO, Ireneu Cabral. *A Convenção Européia dos Direitos do Homem Anotada*. 3ª edição. Coimbra: Coimbra Editora, 2005.

BECCARIA, Cesare. *Dos delitos e das penas*. [S.l]: Editora Ridendo Castigat Mores, 2001. Disponível em: <http://www.ebooksbrasil.org/eLibris/delitosB.html>. Acesso em: 08 jun. 2010.

BENTO, Ricardo Alves. **Agente infiltrado – Busca pela legitimação constitucional**. In: CUNHA, Rogério Sanches; TAQUES, Pedro; GOMES, Luiz Flávio. *Limites Constitucionais da Investigação*. São Paulo, Editora RT, 2009, p. 343-355,

BIANCHINI, Alice; GOMES, Luiz Flávio; CUNHA, Rogério Sanches; OLIVEIRA, William Terra de. *Lei de Drogas Comen-*

*tada*. 3ª ed. rev. atual. ampl. São Paulo, Editora Revista dos Tribunais, 2008.

BRASIL. *Anteprojeto do Código Penal*, apresentado no Senado Federal. Disponível em: <https://www12.senado.gov.br/noticias/Arquivos/2012/06/pdf-veja-aqui-o-anteprojeto-da-comissao-especial-de-juristas>. Acesso em: 01 jul. 2012.

__________. *Código de Ética da Magistratura Nacional*. Disponível em: <http://www.cnj.jus.br>. Acesso em: 26 set. 2010.

__________. Conselho Nacional de Justiça. *Resolução nº 59, de 9 de setembro de 2008*. Disciplina e uniformiza as rotinas visando ao aperfeiçoamento do procedimento de interceptação de comunicações telefônicas e de sistemas de informática e telemática nos órgãos jurisdicionais do Poder Judiciário, a que se refere a Lei nº 9.296, de 24 de julho de 1996. Disponível em: <http://wwwh.cnj.jus.br/portalcnj/index.php?view=article&catid=57%3Aresolucoes&id=4872%3Aresolu-no-59-de-09-de-setembro-de-2008&format=pdf&option=com_content&Itemid=1085>. Acesso em: 23 mar. 2011.

__________. *Constituição da República Federativa do Brasil*. Disponível em: <http://www.planalto.gov.br/ccivil_03/constituicao/constitui%C3%A7ao.htm>. Acesso em: 25 set. 2010.

__________. *Decreto-Lei nº 3.689, de 3 de outubro de 1941*. Código de Processo Penal. Disponível em: <http://www.planalto.gov.br/CCIVIL/Decreto-Lei/Del3689.htm>. Acesso em: 08 jun. 2010.

__________. *Decreto-Lei nº 4.657, de 4 de setembro de 1942*. Lei de Introdução ao Direito Brasileiro. Disponível em: <http://www.planalto.gov.br/CCIVIL/Decreto-Lei/Del4657.htm>. Acesso em: 08 jun. 2010.

__________. *Lei 5.869, de 11 de janeiro de 1973*. Código de Processo Civil. Disponível em: <http://www.planalto.gov.br/ccivil/leis/L5869.htm>. Acesso em: 31 mar. 2011.

__________. *Lei 8.112, de 11 de dezembro de 1990*. Dispõe sobre o regime jurídico dos servidores públicos civis da União, das autarquias e das fundações públicas federais. Disponível em: <http://www.planalto.gov.br/ccivil_03/Leis/L8112cons.htm>. Acesso em 05 abr. 2011.

__________. *Lei 9.034, de 03 de maio de 1995*. Dispõe sobre a utilização de meios operacionais para a prevenção e repressão de ações praticadas por organizações criminosas.. Disponível em: <http://www.planalto.gov.br/ccivil_03/Leis/L9034.htm>. Acesso em: 08 jun. 2010.

__________. *Lei 9.807, de 13 de julho de 1999*. Estabelece normas para a organização e a manutenção de programas especiais de proteção a vítimas e a testemunhas ameaçadas, institui o Programa Federal de Assistência a Vítimas e a Testemunhas Ameaçadas e dispõe sobre a proteção de acusados ou condenados que tenham voluntariamente prestado efetiva colaboração à investigação policial e ao processo criminal. Disponível em: <http://www.planalto.gov.br/ccivil_03/Leis/L9807.htm>. Acesso em: 02 abr. 2011.

__________. *Lei 9.296, de 24 de julho de 1996*. Regulamenta o inciso XII, parte final, do art. 5° da Constituição Federal. Disponível em: <http://www.planalto.gov.br/ccivil_03/Leis/L9296.htm>. Acesso em: 28 jun. 2010.

__________. *Lei 9.613, de 03 de março de 1998*. Dispõe sobre os crimes de "lavagem" ou ocultação de bens, direitos e valores; a prevenção da utilização do sistema financeiro para os ilícitos previstos nesta Lei; cria o Conselho de Controle de Atividades Financeiras – COAF, e dá outras providências. Disponível em:

<http://www.planalto.gov.br/ccivil/leis/L9613.htm>. Acesso em: 23 mar. 2011.

________. *Lei 11.343, de 23 de agosto de 2006*. Institui o Sistema Nacional de Políticas Públicas sobre Drogas – Sisnad; prescreve medidas para prevenção do uso indevido, atenção e reinserção social de usuários e dependentes de drogas; estabelece normas para repressão à produção não autorizada e ao tráfico ilícito de drogas; define crimes e dá outras providências. Disponível em: <http://www.planalto.gov.br/ccivil_03/_ato2004-2006/2006/lei/l11343.htm>. Acesso em: 28 jun. 2010.

________. *Lei 12.850, de 02 de agosto de 2013*. Define organização criminosa e dispõe sobre a investigação criminal, os meios de obtenção da prova, infrações penais correlatas e o procedimento criminal; altera o Decreto-Lei nº 2.848, de 7 de dezembro de 1940 (Código Penal); revoga a Lei nº 9.034, de 3 de maio de 1995; e dá outras providências. Disponível em: <http://www.planalto.gov.br/ccivil_03/_ato2011-2014/2013/lei/l12850.htm>. Acesso em: 08 jun. 2018.

________. *Lei 13.105, de 16 de março de 2015*. Código de Processo Civil. Disponível em: <http://www.planalto.gov.br/ccivil_03/_ato2015-2018/2015/lei/l13105.htm>. Acesso em: 08 jun. 2018.

________. *Lei 13.260, de 16 de março de 2016*. Regulamenta o disposto no inciso XLIII do art. 5º da Constituição Federal, disciplinando o terrorismo, tratando de disposições investigatórias e processuais e reformulando o conceito de organização terrorista; e altera as Leis nºs 7.960, de 21 de dezembro de 1989, e 12.850, de 2 de agosto de 2013. Disponível em: <http://www.planalto.gov.br/ccivil_03/_Ato2015-2018/2016/Lei/L13260.htm>. Acesso em: 08 jun. 2018.

________. *Lei 13.344, de 13 de outubro de 2016*. Dispõe sobre prevenção e repressão ao tráfico interno e internacional de pessoas e sobre medidas de atenção às vítimas; altera a Lei nº 6.815, de 19 de agosto de 1980, o Decreto-Lei nº 3.689, de 3 de outubro de 1941 (Código de Processo Penal), e o Decreto-Lei nº 2.848, de 7 de dezembro de 1940 (Código Penal); e revoga dispositivos do Decreto-Lei nº 2.848, de 7 de dezembro de 1940 (Código Penal). Disponível em: <http://www.planalto.gov.br/ccivil_03/_ato2015-2018/2016/lei/L13344.htm>. Acesso em: 08 jun. 2018.

________. *Lei 13.441, de 8 de maio de 2017*. Altera a Lei nº 8.069, de 13 de julho de 1990 (Estatuto da Criança e do Adolescente), para prever a infiltração de agentes de polícia na internet com o fim de investigar crimes contra a dignidade sexual de criança e de adolescente.. Disponível em: <http://www.planalto.gov.br/ccivil_03/_ato2015-2018/2017/lei/L13441.htm>. Acesso em: 08 jun. 2018.

________. *Lei 13.608, de 10 de janeiro de 2018*. Dispõe sobre o serviço telefônico de recebimento de denúncias e sobre recompensa por informações que auxiliem nas investigações policiais; e altera o art. 4º da Lei nº 10.201, de 14 de fevereiro de 2001, para prover recursos do Fundo Nacional de Segurança Pública para esses fins. Disponível em: <http://www.planalto.gov.br/ccivil_03/_ato2015-2018/2018/lei/L13608.htm>. Acesso em: 08 jun. 2018.

________. *Lei 13.655, de 25 de abril de 2018*. Inclui no Decreto-Lei nº 4.657, de 4 de setembro de 1942 (Lei de Introdução às Normas do Direito Brasileiro), disposições sobre segurança jurídica e eficiência na criação e na aplicação do direito público. Disponível em: <http://www.

planalto.gov.br/ccivil_03/_ato2015-2018/2018/lei/L13655.htm>. Acesso em: 08 jun. 2018.

__________. *Lei 13.964, de 24 de dezembro de 2019.* Aperfeiçoa a legislação penal e processual penal. Disponível em: <http://www.planalto.gov.br/ccivil_03/_Ato2019-2022/2019/Lei/L13964.htm#art14>. Acesso em: 18 mai. 2021.

__________. *Projeto de Lei nº 6578, do Senado Federal.* Dispõe sobre as organizações criminosas, os meios de obtenção da prova, o procedimento criminal e dá outras providências. Disponível em:<http://www.camara.gov.br/sileg/integras/723727.pdf>. Acesso em: 23 mar. 2011.

__________. *Projeto de Lei nº 8045, do Senado Federal.* Código de Processo Penal. Disponível em: <http://www.camara.gov.br/sileg/integras/831788.pdf>. Acesso em: 23 mar. 2011.

BOBBIO, Norberto. *O positivismo jurídico: lições de filosofia do direito.* Compiladas por Nello Morra. Tradução de Márcio Pugliese, Edson Bini e Carlos E. Rodrigues. São Paulo: Ícone, 2006.

BONAVIDES, Paulo. *Ciência Política.* 10ª edição. São Paulo: Malheiros, 1998.

BONFIM, Edilson Mougenot. *Curso de Processo Penal.* 5ª edição. São Paulo: Saraiva, 2010.

BONFIM, Márcia Monassi Mougenot. **A infiltração de policiais no direito espanhol.** *Direito e Sociedade*, Curitiba, p. 17-41, v. 3, n. 1, jan./jun. 2004

CAÇAPAVA, Elisa Pires da Cruz Reale; VILARES, Fernanda Regina. **Crime Organizado e Terrorismo na França.** In: FERNANDES, Antônio Scarance; ALMEIDA, José Raul Gavião de e MORAES, Maurício Zanoide de. *Crime Organizado: aspectos processuais.* São Paulo: Editora Revista dos Tribunais, 2009, p. 185-206.

CAMBI, Eduardo. *Neoconstitucionalismo e neoprocessualismo: Direitos fundamentais, políticas públicas e protagonismo judiciário.* São Paulo: Editora Revista dos Tribunais, 2009.

CANOTILHO, J.J. Gomes; MOREIRA, Vital. *Constituição da República Portuguesa Anotada.* Vol. I. 4ª ed. rev. atual. Coimbra: Coimbra Editora, 2007.

CAPPELLETTI, Mauro. *Juízes Legisladores?* Tradução de Carlos Alberto Alvaro de Oliveira. Porto Alegre, Sérgio Antônio Fabris Editor, 1999.

COLOMBIA. *Ley 906, de 31/08/04.* Código de Processo Penal. Disponível em:<http://www.oea.org/juridico/mla/sp/col/sp_col-int-text-cpp-2005.html>. Acesso em: 23 mar. 2011.

COOTER, Robert; ULEN, Thomas. *Direito e Economia.* 5ª ed. Porto Alegre: Bookman, 2010.

DALLARI, Dalmo de Abreu. *O Poder dos Juízes.* 3ª edição, de acordo com a Reforma do Judiciário. São Paulo: Saraiva, 2007.

DARIO CERINA, Giorgio. **La lucha contra la delincuencia organizada: notas desde em derecho penal sustantivo y referencias al agente encubierto como medio de investigación extraordinario en una perspectiva interna y supranacional.** In: SANZ MULAS, Nieves (Coord.). *Dos décadas de reformas penales.* Granada: Comares, 2008. 285 p., 23 cm. (Biblioteca comares de ciência jurídica). ISBN 978-84-9836-374-6. p.145-176.

DAVID, René. *Os Grandes Sistemas do Direito Contemporâneo.* 4ª edição. São Paulo: Martins Fontes, 2002.

DWORKIN, Ronald. *Levando os direitos a sério.* Tradução de Nelson Boeira. São Paulo: Martins Fontes, 2010.

ESPANHA. *Ley de Enjuiciamento Criminal.* Disponível em:<http://constitucion.rediris.es/legis/1882/l1882-09-14/

11882-09-14_indice.html>. Acesso em: 23 mar. 2011.

ESPÍNOLA FILHO, Eduardo. *Código de Processo Penal brasileiro anotado.* Vol. I. 1. ed. Atualizado por José Geraldo da Silva e Wilson Lavorenti. Campinas: Bookseller, 2000.

FERNANDES, Antonio Scarance; ALMEIDA, José Raul Gavião de e MORAES, Maurício Zanoide de. *Crime Organizado: aspectos processuais.* São Paulo: Editora Revista dos Tribunais, 2009.

______. **O equilíbrio entre a eficiência e o garantismo e o crime organizado.** *Revista Brasileira de Ciências Criminais,* São Paulo, v. 16, n. 70, p. 229-268, jan./fev. 2008.

FRANÇA. *Code de Procédure Pénale.* Disponível em: <http://www.legifrance.gouv.fr/affichCode.docidTexte=LEGITEXT000006071154&dateTexte=20100320>. Acesso em: 28 jun. 2010.

FURTADO, Franklim. **O agente infiltrado.** *Direito e Cidadania,* n. 16-17, ano 5, Cabo Verde, set. 2002/abr. 2003.

GARCIA, Joaquin. *Infiltrado: o FBI e a Máfia.* São Paulo: Larousse do Brasil, 2009.

GÁLVEZ, Juan F. Monroy. *Teoría general del processo.* Lima: Palestra, 2007, cap. XI, p. 527-557.

GILISSEN, John. *Introdução Histórica ao Direito.* 2ª edição. Lisboa: Fundação Calouste Gulbenkian, 1995.

GOMES, Abel Fernandes ; BOCHENEK, Antônio César ; LUCAS, Flávio Oliveira; PEREIRA, Frederico Valdez ; GRANADO, Marcello ; BODNAR, Zenildo. *A NOVA LEI ANTIDROGAS: Teoria, Crítica e Comentários à Lei n. 11.343/06.* Niterói, Rio de Janeiro: Editora Impetus, 2006.

GOMES, Luiz Flávio; CERVINI, Raúl. *Crime organizado: enfoques criminológico, jurídico (Lei 9.034/95) e político criminal.* 2ª ed. rev. atual. e ampl. São Paulo, Editora Revista dos Tribunais, 1997.

GONÇALVES, Fernando; ALVES, João Manuel; GUEDES VALENTE, Manuel Monteiro. *O Novo Regime Jurídico do Agente Infiltrado: comentado e anotado – legislação complementar.* Coimbra, Almedina, 2001.

GRECO FILHO, Vicente. *Comentários à Lei de Organização Criminosa – Lei 12.850/13.* São Paulo: Saraiva, 2014, p. 61.

GRIFFIN, Lisa e WOLFF, Rafael. *Undercover Practices – A Comparison,* disponível em <http://pcjc.blogs.law.pace.edu/2014/12/18/undercover-practices--a-comparison/>. Acesso em: 21 fev. 2016

GUARIGLIA, Fabricio. *El agente encubierto ¿Un nuevo protagonista en el procedimiento penal?* Disponível em: <http://www.cienciaspenales.org/revista%2012/guarig12.htm>. Acesso em: 28 abr. 2010

GUEDES VALENTE, Manuel Monteiro. **La investigación del crimen organizado. Entrada y registro en domicilios por la noche, el agente infiltrado y la intervención de las comunicaciones.** In: SANZ MULAS, Nieves (Coord.). *Dos décadas de reformas penales.* Granada: Comares, 2008. 285 p., 23 cm. (Biblioteca comares de ciência jurídica). ISBN 978-84-9836-374-6.

GUIMARÃES, Issac Sabbá. **Agente provocador, agente infiltrado e o novo paradigma de processo penal.** In: MOREIRA, Rômulo de Andrade (Org.). *Leituras complementares de processo penal.* Salvador: JusPODIVM, 2008.

______. *O agente infiltrado na investigação das associações criminosas*. Jus navigandi, Teresina, ano 6, n. 56, abr. 2002. Disponível em: <http://jus2.uol.com.br/doutrina/texto.asp?id=2894>. Acesso em: 21 dez. 2009.

HABERMAS, Jürgen. *Consciência Moral e Agir Comunicativo.* Tradução de Guido A. de Almeida. Rio de Janeiro: Tempo Brasileiro, 1989.

__________. *Direito e Democracia: entre facticidade e validade.* Tradução de Flávio Beno Siebeneichlet. 2ª ed. Rio de Janeiro: Tempo Brasileiro, 2003. 2v.

__________. *Para a reconstrução do materialismo histórico.* Tradução de Carlos Nelson Coutinho. Brasília, Editora Brasiliense, 1983.

HUNT, Lynn. *A Invenção dos Direitos Humanos: uma história.* São Paulo: Companhia das Letras, 2009.

JESUS, Damásio E. de; BECHARA, Fábio Ramazzini. **Agente infiltrado: reflexos penais e processuais.** *Jus Navigandi,* Teresina, ano 9, n. 825, 6 out. 2005. Disponível em: <http://jus2.uol.com.br/doutrina/texto.asp?id=7360>. Acesso em: 21 dez. 2009.

__________. *Código de Processo Penal anotado: acompanhado de legislação complementar, súmulas do STF e do STJ, Exposição de Motivos, Lei de Introdução e índice alfabético-remissivo do Código de Processo Penal.* 23. ed., rev., atual. e ampl. de acordo com a reforma do CPP de acordo com a reforma do CPP (Leis n. 11.689, 11.690 e 11.719/2008). São Paulo: Saraiva, 2009.

__________. **Particular pode atuar como agente infiltrado?** São Paulo: *Complexo Jurídico* Damásio de Jesus, set. 2002. Disponível em: <www.damasio.com.br>. Acesso em : 21 dez. 2009.

KNIJNIK, Danilo. **A serpente me seduziu e eu comi. O agente infiltrado, o encoberto e o provocador: recepção, no direito brasileiro, das defesas do entrapment e da conduta estatal ultrajante, como meio de interpretação conforme a Lei 9.035/95.** *Revista Ibero-Americana de Ciências Penais,* Porto Alegre, n. 10, p. 13-30, jan-jun. 2004.

LAFAVE, Wayne R. *Principles of Criminal Law.* West, 2003.

LOPES, Fábio Motta. **A investigação criminal em conformidade com a lei antidrogas.** In: CALLEGARI, André Luis e WEDY, Miguel Tedesco (org.). *Lei de Drogas: aspectos polêmicos à luz da dogmática penal e da política criminal.* Porto Alegre: Livraria do Advogado, 2008, p. 103-131.

LOPES JÚNIOR, Aury. *Introdução Crítica ao Processo Penal (Fundamentos da Instrumentalidade Constitucional).* 5ª edição, rev. atual. ampl. Rio de Janeiro: Lumen Juris, 2010.

LOUREIRO, Joaquim. *Agente Infiltrado? Agente Provocador! Reflexões sobre o 1º Acórdão do T.E.D. Homem – 9 junho 1998. Condenação do Estado Português.* Coimbra: Almedina, 2007.

LUDEMIR, Julio. *Rim por rim: uma reportagem sobre o tráfico de órgãos.* Rio de Janeiro: Record, 2008.

MACHADO, André Augusto Mendes; SOUZA, Diego Fajardo Maranha Leão de. **O crime organizado na Colômbia.** In: FERNANDES, Antônio Scarance; ALMEIDA, José Raul Gavião de e MORAES, Maurício Zanoide de. *Crime Organizado: aspectos processuais.* São Paulo: Editora Revista dos Tribunais, 2009, p. 86-122.

MAIA, Antonio Cavalcanti. *Jürgen Habermas: Filósofo do Direito.* Rio de Janeiro: Renovar, 2008.

MARQUES, José Frederico. *Elementos de Direito Processual Penal.* Volume I. 3ª atualização. Campinas: Millenium Editora, 2009.

MATA-MOUROS, Fátima. **O agente infiltrado.** *Direito e Cidadania,* Praia, Cabo Verde, v. 5, 16/17, p.9-16, set./abr. 2002/2003.

MAZUR, Roberto. *O infiltrado: minha vida secreta nos bastidores da lavagem de dinheiro no Cartel de Medellín*. Curitiba: Nossa Cultura, 2010.

MENDRONI, Marcelo Batlouni. *Crime Organizado: aspectos gerais e mecanismos legais*. 3 edição. São Paulo, Atlas, 2009.

MIRABETE, Júlio Fabbrini. *Código de Processo Penal interpretado: referências doutrinárias, indicações legais, resenha jurisprudencial*. 8. ed. atual. São Paulo: Atlas, 2001.

MONTESQUIEU, Charles de Secondat. *Spirit of Laws*. [S.l]: Kindle Edition, [20--?]. Disponívelem:<http://www.amazon.com/s/ref=nb_sb_noss?url=node%3D1286228011&field-keywords=spirit+of+law&x=0&y=0>. Acesso em: 08 jun. 2010.

MOREIRA, Sérgio Luís Lamas; MOREIRA, Marcus Vincius Lamas. **Indagações sobre o agente provocador e o agente infiltrado.** *Boletim IBCCRIM*, São Paulo, v. 11, n. 128, p.14-15, jul. 2003.

MORO, Sérgio Fernando. *Crime de Lavagem de Dinheiro*. São Paulo: Saraiva, 2010.

MOSSIN, Heráclito Antônio. *Comentários ao Código de Processo Penal: à luz da doutrina e da jurisprudência*. Barueri : Manole , 2005.

NALINI, José Renato. *Ética da Magistratura. Comentários ao Código de Ética da Magistratura Nacional – CNJ*. São Paulo: Editora Revista dos Tribunais, 2010.

NEISTEIN, Mariângela Lopes. *O agente infiltrado como meio de investigação*. São Paulo, USP, 2006.

NORONHA, Edgard Magalhães. *Curso de direito processual penal*. 21. ed. rev. e atual. São Paulo: Saraiva, 1992.

NUCCI, Guilherme de Souza. *Código de Processo Penal Comentado*. 4.ed. rev. atual. e ampl. São Paulo: Revista dos Tribunais, 2005.

__________. *Leis penais e processuais penais comentadas*. 5.ed. rev. atual. e ampl. São Paulo: Revista dos Tribunais, 2010.

__________. *Organização Criminosa*. 2ª ed. São Paulo: RT, 2015, p. 92.

ONETO, Isabel. *O agente infiltrado. Contributo para a Compreensão do Regime Jurídico das Acções Encobertas*. Coimbra: Coimbra Editora, 2005.

PACHECO, Rafael. *Crime Organizado: Medidas de Controle e Infiltração Policial*. Curitiba: Juruá, 2009.

PEDROSA, Ronaldo Leite. *Direito em História*. Rio de Janeiro: Lumes Juris, 2008.

PERELMAN, Chaïm. *Ética e Direito*. Tradução de Maria Ermantina de Almeida Prado Galvão. São Paulo: Martins Fontes, 2005.

PERU. *Decreto Legislativo nº 824, de 24 de abril de 1996. Ley de Lucha contra em Narcotrafico*. Disponível em:<www.devida.gob.pe/documentacion/D.L.**824**.doc>. Acesso em: 23 mar. 2011.

__________. *Decreto Legislativo nº 989, de 22 de julho de 2007*. Disponível em:<http://www.glin.gov/download.action?=>. Acesso em 23 mar. 2011.

PISTONE, Joseph D. e WOODLEY, Richard. *Donnie Brasco*. United States of America: SIGNET, 2009.

PORTUGAL. *Constituição da República Portuguesa*. Disponível em:<http://www.parlamento.pt/Legislacao/Paginas/ConstituicaoRepublicaPortuguesa.aspx>. Acesso em: 23 mar. 2011.

__________. *Lei 93, de 14 de julho de 1999*. Regula a aplicação de medidas para protecção de testemunhas em processo penal. Disponível em: <http://www.igf.min-financas.pt/inflegal/bd_igf/bd_legis_geral/Leg_geral_docs/LEI_093_99.htm>. Acesso em: 02 abr. 2011.

__________. *Lei 101, de 25 de agosto de 2001*. Regime jurídico das acções encobertas para fins de prevenção e investigação criminal. Disponível em: <http://www.

pgdlisboa.pt/pgdl/leis/lei_mostra_articulado.phpnid=89&tabela=leis&nversao=>. Acesso em: 23 mar. 2011.

Rangel, Paulo. *Direito Processual Penal.* São Paulo: Atlas, 2012.

Rifá Soler, José María. **El agente encubierto o infiltrado en la nueva regulación de la LECrim.** *Revista del Poder Judicial,* Madrid, n. 55, p.157-188, 1999.

Rocha, Luiz Otavio de Oliveira. Agente infiltrado: inovação da lei 10.217/2001. *Revista Ibero-Americana de Ciências Penais.* Porto Alegre, v. 3, n. 5, p.49-68, jan./abr. 2002.

Russo, Luciana; Gemaque, Sílvio César Arouck. Crime Organizado em Portugal. In: Fernandes, Antônio Scarance; Almeida, José Raul Gavião de e Moraes, Maurício Zanoide de. *Crime Organizado: aspectos processuais.* São Paulo: Editora Revista dos Tribunais, 2009, p. 280-303.

Silva, Eduardo Araújo da. *Crime organizado: procedimento probatório.* 2ª edição. São Paulo: Atlas, 2009.

Soares, Maurício Freire. *Hermenêutica e interpretação jurídica.* São Paulo: Saraiva, 2010.

Thums, Gilberto e Pacheco, Vilmar. *Nova Lei de Drogas: Crimes, Investigação e Processo.* 2 edição. Porto Alegre: Editora Verbo Jurídico, 2008.

Tornaghi, Hélio. *Comentários ao código do processo penal: Decreto-Lei n. 3689, de 3 de outubro de 1941.* V. 1, Tomo 1. Rio de Janeiro: Forense, 1956.

Tosi, Giorgio Sturlese. *Una vita da infiltrato.* Milão: BUR Futuro Passato, 2010.

Tourinho Filho, Fernando da Costa. *Processo Penal.* Volume 1. 32ª edição. São Paulo: Saraiva, 2010.

Trois Neto, Paulo Mário Canabarro. *Direito à não autoincriminação e Direito ao Silêncio.* Porto Alegre, Livraria do Advogado, 2011.

__________. *Motivação judicial sob a perspectiva ética.* Trabalho vencedor do IV Concurso Internacional de Trabalhos Monográficos da Comissão Iberoamericana de Ética Judicial. Brasília, CIEJ, 2010.

UNITED NATIONS OFFICE ON DRUGS AND CRIME (UNODC). *An Introduction to Human Trafficking: Vulnerability, Impact and Action.* New York: United Nations, 2008. Disponível em: <http://www.unodc.org/unodc/en/human-trafficking/publications.html?ref=menuside>. Acesso em: 23 mar. 2011.

__________. *Global Report on Trafficking in Persons.* New York, United Nations, 2009. Disponível em: <http://www.unodc.org/unodc/en/human-trafficking/publications.html?ref=menuside>.Acesso em: 23 mar. 2011.

__________. Global Report on Trafffickinf in Persons. New York, United Nations, 2020. Disponível em: <https://www.unodc.org/documents/data-and-analysis/tip/2021/GLOTiP_2020_15jan_web.pdf>. Acesso em: 8 abr. 2021.

Vieira, Renato Stanziola. **"Agente infiltrado" – estudo comparativo dos sistemas processuais penais português e brasileiro (ou a imprescindibilidade da tipicidade processual como requisito da admissibilidade dos meios de pesquisa de prova em processo penal).** *Revista Brasileira de Ciências Criminais,* São Paulo, v. 18, n. 87, p.188-231, nov./dez. 2010.

Vilardi, Rodrigo Garcia; Gídaro, Wagner Roby. **O crime organizado e o terrorismo na Argentina: Instrumento e mecanismos legais de proteção.** In: Fernandes, Antônio Scarance; Almeida, José Raul Gavião de e Moraes, Maurício Zanoide de. *Crime*

*Organizado: aspectos processuais*. São Paulo: Editora Revista dos Tribunais, 2009, p. 65-85.

Wolff, Rafael. **Infiltração de agentes por meio virtual**. In: Silva, Ângelo Roberto Ilha da. *Crimes Cibernéticos*. 2ª ed. Porto Alegre, Livraria do Advogado, 2018.

Zaffaroni, Eugenio Raúl. **"Crime organizado": uma categoria frustrada.** *Discursos Sediciosos: crime, direito e sociedade*. Rio de Janeiro, n. 1, p. 45-67, 1996.

__________. *Poder Judiciário. Crises, Acertos e Desacertos*. Tradução de Juarez Tavares. São Paulo: Editora Revista dos Tribunais, 1995.